2023
全国技术市场统计年报

2023 ANNUAL REPORT ON STATISTICS OF CHINA TECHNOLOGY MARKET

吕先志　李有平 ◎ 主　编
孙启新　张立红 ◎ 副主编

科学技术文献出版社
·北京·

图书在版编目（CIP）数据

2023全国技术市场统计年报 = 2023 ANNUAL REPORT ON STATISTICS OF CHINA TECHNOLOGY MARKET / 吕先志，李有平主编. —北京：科学技术文献出版社，2023.12
ISBN 978-7-5235-1063-6

Ⅰ.① 2… Ⅱ.①吕… ②李… Ⅲ.①技术市场—统计资料—中国—2023 Ⅳ.① F723.84

中国国家版本馆 CIP 数据核字（2023）第 253897 号

内容简介

《2023全国技术市场统计年报》数据来源于全国技术合同认定登记，主要反映 2022 年全国技术合同交易及国家技术转移机构运行情况。从技术输出与吸纳、知识产权结构、技术领域分布、科技计划项目、服务社会 – 经济目标等维度，对技术合同数据进行深入分析，总结了全国技术合同交易的特点和趋势。重点分析了京津冀地区、长三角地区、粤港澳大湾区等地区技术交易支撑国家区域发展战略的情况，对技术（产权）交易机构、国家技术转移机构等服务于技术交易的情况进行调查和分析，整理形成技术市场大事记。

2023全国技术市场统计年报

策划编辑：秦　源　　责任编辑：张瑶瑶　　责任校对：王瑞瑞　　责任出版：张志平

出 版 者	科学技术文献出版社
地　　址	北京市复兴路15号　邮编　100038
编 务 部	（010）58882938，58882087（传真）
发 行 部	（010）58882868，58882870（传真）
邮 购 部	（010）58882873
官方网址	www.stdp.com.cn
发 行 者	科学技术文献出版社发行　全国各地新华书店经销
印 刷 者	北京时尚印佳彩色印刷有限公司
版　　次	2023年12月第1版　2023年12月第1次印刷
开　　本	889×1194　1/16
字　　数	259千
印　　张	12.75
书　　号	ISBN 978-7-5235-1063-6
定　　价	108.00元

版权所有　违法必究

购买本社图书，凡字迹不清、缺页、倒页、脱页者，本社发行部负责调换

《2023 全国技术市场统计年报》编委会

主　　　编：吕先志　李有平
副 主 编：孙启新　张立红
编　　　委（按姓氏笔画顺序）：
　　　　　　王　涛　王胤杰　王崇锦　王博宇
　　　　　　朱迎春　孙启新　苏婷婷　李楠林
　　　　　　张　灏　张立红　张艳秋　陈志军
　　　　　　尚雁洁　郑　帅　党　琳　魏　颖
主要执笔人：孙启新　张立红　魏　颖　王博宇
　　　　　　党　琳　郑　帅

编写说明

2022年是党的二十大胜利召开之年，是向第二个百年奋斗目标进军和实施"十四五"规划的关键之年，在习近平新时代中国特色社会主义思想指导下，技术市场着力推动技术要素市场化配置改革，不断优化技术要素市场环境，强化市场机制和需求导向，促进科技成果转化和产业化，技术市场交易日趋活跃，运行效率不断提高，为加快实现高水平科技自立自强打下坚实的基础。

《2023全国技术市场统计年报》数据是根据国家统计局批准的《技术市场统计调查制度》取得的调查资料，来源于"全国技术合同管理与服务系统""国家技术转移机构管理系统"。本书从技术输出与吸纳、知识产权结构、技术领域分布、科技计划项目、服务社会－经济目标等方面，对技术合同数据进行深入分析，总结全国技术合同交易的特点和趋势，重点分析了京津冀地区、长三角地区、粤港澳大湾区等地区技术交易支撑国家区域发展战略的情况，对技术（产权）交易机构、国家技术转移机构等服务于技术交易的情况进行调查和分析。整理技术市场大事记，选编近年全国各地为促进科技成果转化而出台的相关政策。2023年，全国技术市场统计工作涉及31个省（自治区、直辖市）和新疆生产建设兵团、5个计划单列市、10个副省级城市、420家国家技术转移机构和26家技术（产权）交易机构。

目 录

第一部分 技术交易总体概述 1
　一、基本情况 2
　二、特点分析 5

第二部分 技术合同构成 9
　一、合同类别构成 9
　二、知识产权构成 11
　三、技术领域构成 11
　四、社会－经济目标构成 12
　五、科技计划项目构成 13
　六、大额技术合同构成 14
　七、技术交易主体构成 15

第三部分 各地技术交易的情况 35
　一、合同登记情况 35
　二、技术输出情况 37
　三、技术吸纳情况 42

第四部分　区域技术交易……44
一、经济地带技术交易情况……44
二、城市群技术交易情况……48
三、国外技术交易情况……51

第五部分　技术交易机构……59
一、技术（产权）交易机构……59
二、国家技术转移机构……62

第六部分　附表……67

第七部分　大事记……100

第八部分　政策篇……103
中共中央　国务院关于加快建设全国统一大市场的意见……103
北京市科学技术委员会、中关村科技园区管理委员会关于印发《北京市
　　技术合同认定登记管理办法》的通知……111
北京市技术市场条例……116
关于印发《内蒙古自治区技术转移服务机构管理办法》的通知……121
关于印发《上海市科技成果转化创新改革试点实施方案》的通知……124
浙江省科学技术厅等6部门关于印发《浙江省扩大赋予科研人员职务
　　科技成果所有权或长期使用权试点范围实施方案》的通知……134
安徽省人民政府关于印发安徽省深化科技创新体制机制改革加快
　　科技成果转化应用体系建设行动方案的通知……140

福建省科学技术厅关于印发《福建省技术转移机构管理办法（修订）》的
　　通知 …………………………………………………………………………… 148
江西省人民政府办公厅关于印发江西省科技成果产业化实施方案（试行）的
　　通知 …………………………………………………………………………… 152
山东省科学技术厅印发《关于加强高水平科技成果转移转化人才队伍建设的
　　若干措施》的通知 …………………………………………………………… 157
科技部办公厅　贵州省人民政府办公厅关于印发《"科技入黔"推动
　　高质量发展行动方案》的通知 ……………………………………………… 160
湖北省人民政府办公厅印发关于进一步加强科技激励若干措施的通知 ……… 164
陕西省财政厅　陕西省科学技术厅关于印发《陕西省高新技术企业和拟上市
　　重点培育科技企业贷款（秦科贷）风险补偿实施细则》的通知 ………… 168
关于印发《新疆维吾尔自治区技术转移机构管理办法》的通知 ……………… 172
甘肃省人民代表大会常务委员会公告（第87号） …………………………… 176
关于印发《大连市科技成果转化专项资金管理办法》的通知 ………………… 179
青岛市人民政府关于印发青岛市实施"硕果计划"加快促进科技成果转移
　　转化若干政策措施的通知 …………………………………………………… 183
深圳市科技创新委员会关于印发《深圳市概念验证中心和中小试基地资助
　　管理办法》的通知 …………………………………………………………… 188

第一部分　技术交易总体概述

2022年是全面贯彻落实党的二十大精神的关键之年，也是实施"十四五"规划的关键之年，在习近平新时代中国特色社会主义思想指导下，在党中央、国务院坚强领导下，全国技术市场认真贯彻落实《中共中央　国务院关于构建更加完善的要素市场化配置体制机制的意见》，引导技术要素市场体制机制创新，强化企业技术创新主体地位，加快科技成果转化和产业化，促进技术市场交易质效同增，有力支撑经济高质量发展。2022年，全国技术交易合同数为77.3万项，成交额为47 791.0亿元，比2021年分别增长15.2%、28.1%。平均每项技术合同成交额从上年的556.2万元增长到618.6万元，同比增长11.2%，技术创新效能显著提升[①]（图1-1、图1-2、附表1）。

图1-1　2013—2022年全国技术合同成交情况

---

①　本书数据来源于科技部火炬中心"全国技术合同管理与服务系统""国家技术转移机构管理系统"；本书中，因小数取舍而产生的误差均未做配平处理。

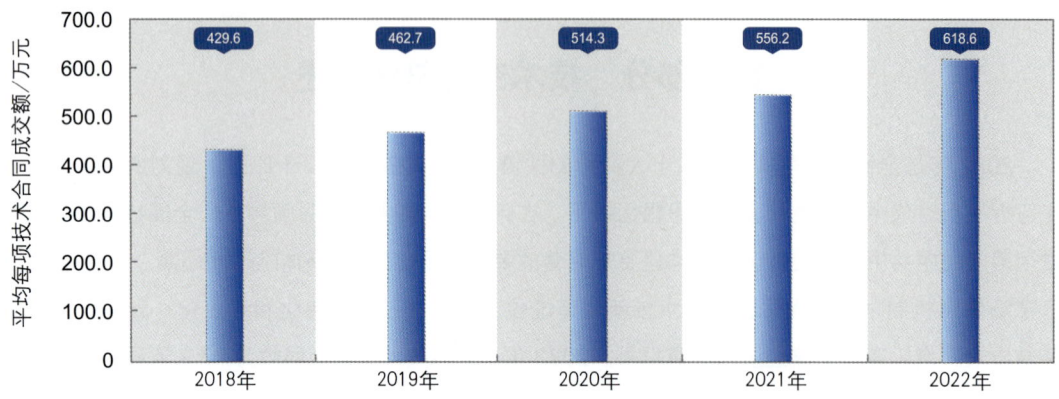

图 1-2　2018—2022 年平均每项技术合同成交额情况

一、基本情况

（一）技术合同成交额与全社会 R&D 经费、GDP 的比值快速增长

2022 年，我国技术市场交易持续向好的发展势头较为稳定，高质量科技成果供给稳步增长，创新资源优化配置成效显著，为支撑我国经济高质量发展、加快实现高水平科技自立自强打下坚实的基础，全年技术合同成交额达到 47 791.0 亿元，技术市场交易总量再创新高。技术合同成交额自 2019 年超过全社会研究与试验发展（R&D）经费以来[①]，其增长规模超过全社会 R&D 经费，2022 年技术合同成交额与全社会 R&D 经费的比值为 154.8%，较上年增长 21.4 个百分点，增速升至 16.1%；技术合同成交额与 GDP 的比值连年递增，2022 年达到 3.9%，较上年增长 0.6 个百分点（表 1–1、图 1–3）。

表 1-1　2018—2022 年全国技术合同成交额与全社会 R&D 经费、GDP 的比较

项目	2018 年	2019 年	2020 年	2021 年	2022 年
技术合同成交额 / 亿元	17 697.4	22 398.4	28 251.5	37 294.3	47 791.0
全社会 R&D 经费 / 亿元	19 677.9	22 143.6	24 426.0	27 956.3	30 870.0
国内生产总值（GDP）/ 亿元	919 281.1	986 515.2	1 013 567.0	1 149 237.0	1 210 207.2
技术合同成交额 / 全社会 R&D 经费	89.9%	101.2%	115.7%	133.4%	154.8%
技术合同成交额 /GDP	1.9%	2.3%	2.8%	3.3%	3.9%

---

① 全社会 R&D 经费、国内生产总值（GDP）数据来源于国家统计局发布的国家数据。

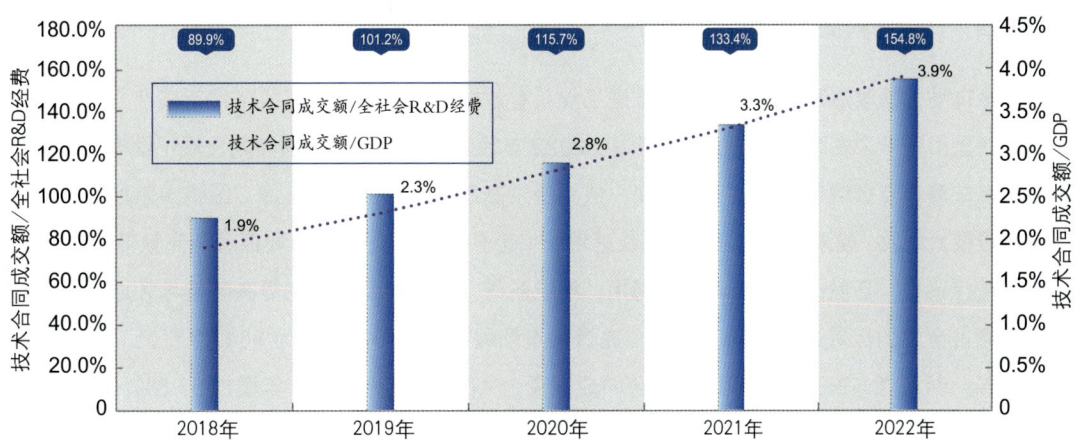

图 1-3　2018—2022 年全国技术合同成交额与全社会 R&D 经费、国内生产总值（GDP）的比值

（二）技术开发与技术服务保持稳定增长态势

根据《中华人民共和国民法典》的规定，自 2021 年 1 月 1 日起，技术合同由"四技"增加为"五技"，即技术开发合同、技术转让合同、技术许可合同、技术咨询合同、技术服务合同 5 类。2022 年技术合同交易中，技术服务合同居于首位，全年签订技术服务合同 407 852 项、成交额为 28 718.9 亿元，占比分别高达 52.8% 和 60.1%；技术开发合同次之，合同数、成交额分别为 271 727 项、14 010.8 亿元，同比分别增长 6.0% 和 20.0%；技术开发与服务成为技术交易最主要的方式，两者之和占比达到近九成；技术许可合同成交额为 93.0 亿元，占比为 0.2%，较上年有较大增长。

（三）技术交易助力科技创新效能提升

①技术交易质量稳步提高。2022 年，全国技术交易合同数为 77.3 万项，成交额为 47 791.0 亿元。其中，技术交易额为 30 165.4 亿元，技术交易额比 2021 年增长 21.1%，技术交易增长幅度明显。平均每项技术合同成交额从上年的 556.2 万元增长到 618.6 万元，同比增长 11.2%。其中，平均每项技术转让合同成交额首次突破千万元，为 1050.8 万元，远高于技术服务合同（704.1 万元）和技术开发合同（515.6 万元），带动了技术交易质量提升。

②技术合同知识产权含量增加。2022 年，涉及知识产权的技术合同有 241 049 项，成交额为 18 004.5 亿元，同比分别增长 10.2% 和 26.1%。涉及专利的技术合同有 56 008 项，成交额为 7295.8 亿元，同比分别增长 27.5% 和 34.1%，其中涉及发明专利的技术合同增长较快，其合同数为 33 289 项，成交额为 4814.6 亿元，同比分别增长 18.9% 和 57.2%，平均每项涉及发明专利的技术合同成交额呈现上升趋势，专利成果质量的进一步提升加快创新成果向现实生产力转化。

（四）产业结构优化升级势头强劲

技术市场加快改造升级传统产业，推进工业"智改数改"，积极培育战略性新兴产业。战略性新兴产业是引领未来发展的新支柱、新赛道，2022年我国战略性新兴产业蓬勃发展，锂电、光伏、新能源汽车等重点领域创新突破不断加快，成为经济高质量发展的重要支撑。围绕国家产业需求的重点领域技术研发、成果转化和延伸服务快速增长，电子信息，先进制造，新能源与高效节能，生物、医药和医疗器械，环境保护与资源综合利用，航空航天，新材料及其应用等高新技术领域的技术合同成交额占全国的比重达到66%。其中，先进制造领域技术合同成交额为8342.3亿元，比上年增加43.4%；新能源与高效节能领域技术合同成交额为4747.5亿元，比上年增加57.8%；新材料及其应用领域技术合同成交额为3107.1亿元，比上年增加49.4%。围绕疫情防控，生物医药相关领域技术研发快速发展，新型疫苗与中药材新药研制市场份额增加，同比增长超150%，为统筹疫情防控和经济社会发展做出贡献（图1-4）。

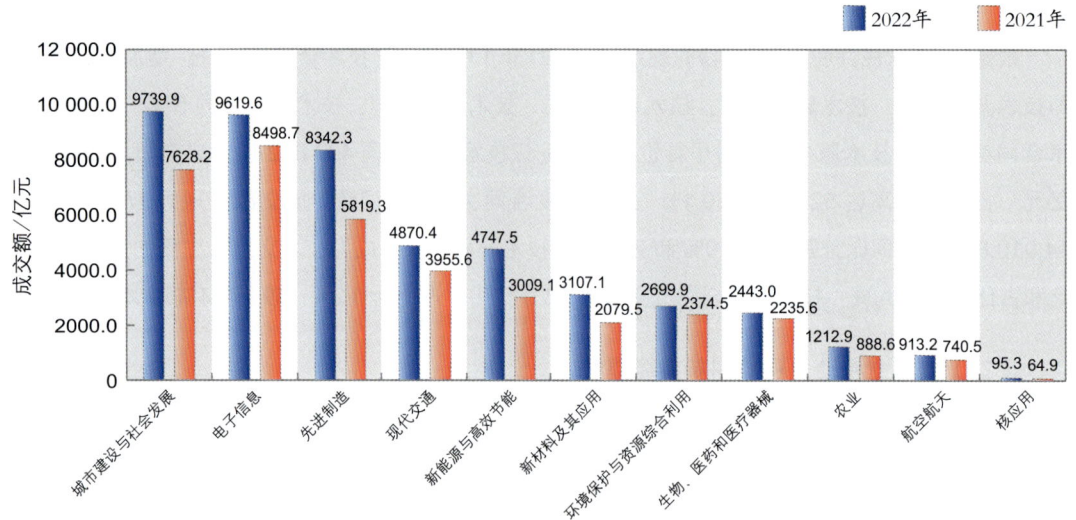

图1-4　2022年、2021年技术合同领域构成情况

（五）企业是技术交易的主力军

企业是技术创新的主体。2022年，企业创新技术和大额创新成果产出能力不断提升，推动产业链上中下游、大中小企业融通创新，促进业务协作、资源共享，科技成果高效转化能力不断提升。2022年，企业贡献了全国93.7%的技术输出，成交额为44 768.3亿元，同比增长29.6%；企业吸纳全国技术合同39 550.3亿元，占比为82.8%，同比增长30.2%，主要集中在电子信息，先进制造，

第一部分 技术交易总体概述

新材料及其应用、新能源与高效节能、生物、医药和医疗器械等高技术领域，产出了大量新技术、新产品，惠及民生经济和社会发展（图1–5）。

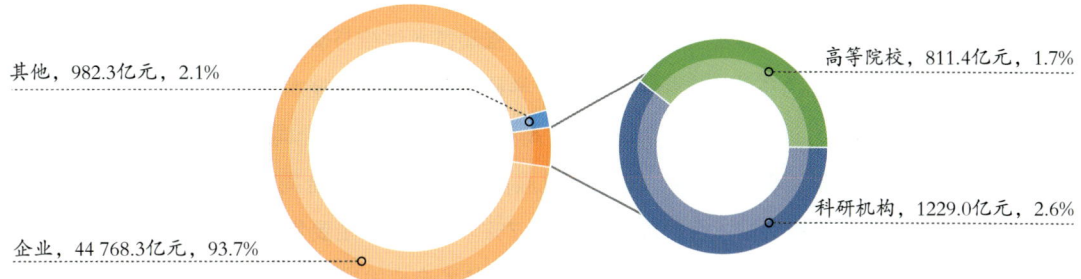

图1–5　2022年技术交易输出主体构成

二、特点分析

（一）企业技术交易持续增长，提升产业链供应链韧性

企业是推动科技创新创造的生力军，在技术交易中占主导地位。2022年，企业技术交易总量保持稳定增长，企业技术创新的动力与活力持续增强，围绕产业链部署创新链、围绕创新链布局产业链，促进创新要素与生产要素良性互动、创新成果和产业链需求有机结合，形成各类企业产业优势互补、竞相发展的局面。

①从技术交易主体参与度看，2022年技术合同新增企业性质卖方主体13 145家，企业性质卖方主体总数达到88 649家，占各类卖方主体总数的92.3 %。新增企业性质买方主体161 620家，企业性质买方主体总数达到253 544家，占各类买方主体总数的80.5 %。

②从技术交易贡献程度看，企业输出技术合同52.2万项，成交额为4.48万亿元，同比增长29.6%。企业吸纳技术合同58.2万项，成交额为3.96万亿元，同比增长30.2%。

③从企业与企业之间技术交易来看，企业之间签订技术合同41.3万项，技术合同成交额为3.78万亿元，同比分别增长21.6%和31.7%，其中大企业输出技术合同9.6万项，技术合同成交额为2.04万亿元。从企业规模来看，大中小企业技术交易更加频繁，一方面，大企业带动上下游中小企业技术创新能力加强，大企业向中小微企业输出的技术合同成交额为6186.2亿元，占大企业输出技术合同成交额的30.3%，较上年增长20.0个百分点；另一方面，中小微企业围绕产业链、技术链将创新成果输出到大企业，与大企业签订技术合同4.9万项，占中小微企业输出技术合同成交项数的63.2%，主要集中在先进制造、电子信息领域。总体来看，大企业发挥科技创新引领支撑作用显著，大企业带动中小微企业技术创新发展、中小企业为大企业注入创新活力的互补性

发展格局凸显，促进产业链上下游企业合作对接，推动协同、高效、融合、顺畅的产业链融通发展新生态加快形成。

④从企业与高校院所之间技术交易来看，2022 年，各级政府、社会机构搭建技术转移平台，组织开展科技成果路演、创新创业大赛等活动，积极推动技术供给与需求对接，促进创新链、产业链深度融合，构建以企业为主体，市场为导向，产学研用深度融合的技术创新体系，高等院校和科研机构技术供需协同能力进一步加强。2022 年，高校院所输出的技术合同成交额为 2040.4 亿元，占比为 4.3%，同比增长 1.6%。其中，高等院校服务于企业的技术合同有 96 761 项，成交额为 614.1 亿元，占高等院校输出技术合同成交额的 75.7%，输出技术主要集中在电子信息，生物、医药和医疗器械及先进制造等高技术领域，有效促进高新技术产业发展。

（二）技术交易呈现地区差异，区域产业发展特色突出

2022 年，技术要素市场体制机制配置进一步优化，技术市场对加速科技成果转化、产业转型升级的作用更加突出，已经成为我国创新驱动发展的重要引擎和动力机制，技术市场交易与经济发展的关系越发紧密，全国技术合同成交额排名前 10 的省份分别为北京、广东、上海、江苏、山东、陕西、湖北、安徽、浙江和湖南，这 10 个省份技术合同成交额总和占全国技术合同成交总额的 78.9%。其中，广东、江苏、山东、浙江、湖北、湖南、安徽 7 个省份在 2022 年全国 GDP 总量排名中位列前十，技术合同成交额与地区经济发展契合度加强。

2022 年，东部地区技术辐射带动能力较强，技术交易活跃度保持领先，技术合同成交额达到 2.9 万亿元，同比增长 21.9%，占全国技术合同成交总额的 61.1%。中部和西部地区后发优势明显，深挖存量资源与提升创新能力同步推进，区域技术交易活跃度显著提升，技术合同成交额分别达到 10 444.2 亿元和 6650.8 亿元，同比增长 65.0% 和 15.1%，占全国的 21.9% 和 13.9%。东北地区技术合同成交额为 1516.3 亿元，同比增长 22.3%，扭转了技术交易下滑趋势（图 1–6）。

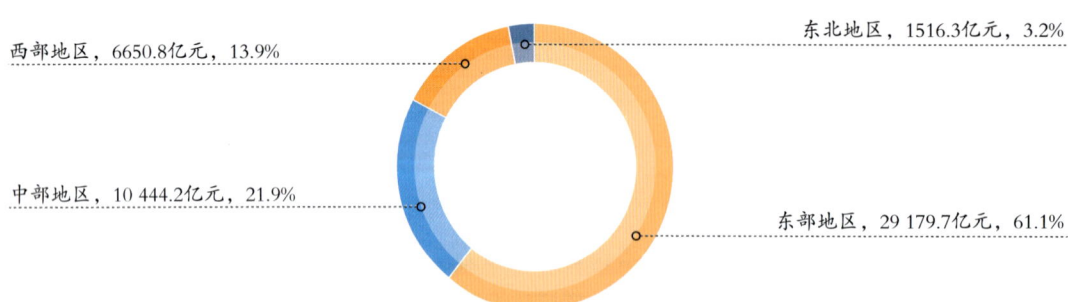

图 1–6　东部、中部、西部、东北地区技术合同成交额及占比

第一部分　技术交易总体概述

（三）技术要素跨区域流动明显，协同创新效果显著

2022年，技术市场落实中央经济工作会议精神，加快实施区域发展战略，完善区域政策和空间布局，发挥各地比较优势，构建全国高质量发展的新动力源，推进京津冀协同发展、长三角一体化发展、粤港澳大湾区建设。

①京津冀地区技术输出稳步增长。2022年，京津冀地区向全国输出技术合同成交额稳步增长，成交额为10 602.2亿元，同比增长17.7%，占全国的22.2%，吸纳技术合同成交额为6228.5亿元，同比增长19.9%，占全国的13.0%。北京75.7%的成交额辐射到京外，输出的主要技术领域为电子信息、城市建设与社会发展等；河北借力雄安新区建设，从京津吸纳技术合同成交额为402.8亿元，占到全省吸纳技术合同成交额的30.2%。

②长三角地区技术交易势头迅猛。2022年，长三角地区科技成果转化深度合作释放出巨大的市场潜能，三省一市输出和吸纳技术强度同步增长，输出与吸纳技术合同成交额总和分别为12 168.0亿元和12 825.7亿元，同比增长38.5%和55.4%，占全国的25.5%和26.8%。三省一市创新产出与创新需求表现突出，技术输出与技术吸纳成交额均跃进全国前十，江苏保持长三角地区技术交易双向（输出和吸纳）第一。

③粤港澳大湾区技术创新发展步伐加快。2022年，大湾区9个地市和2个特别行政区技术吸纳明显高于技术输出，输出和吸纳技术合同成交额分别为3991.2亿元和5327.9亿元，占全国的8.4%和11.1%。深圳、广州强力引领大湾区发展，引进技术的二次开发和集成创新成为特色，吸纳技术合同成交额占大湾区的比例超过68.3%。香港、澳门吸纳内地技术合同成交额为483.0亿元，同比增长70.6%。

（四）国家高新区创新要素集聚，技术转化效益提升

2022年，国家高新区立足科技自立自强，着力提升自主创新能力，持续聚集国内国际创新资源，打造良好的创新创业环境，不断加大创新投入，加强关键核心技术创新和成果转移转化，促进创新能级持续提升。技术合同数据显示，2022年国家高新区内企业签订技术合同22.1万项，成交额为1.36万亿元，同比增长21.5%，其中技术开发与技术转让的占比为40.2%，比国家高新区外企业技术开发与技术转让的占比（35.7%）高4.5个百分点，其技术转化质量高于国家高新区外企业（图1-7）。

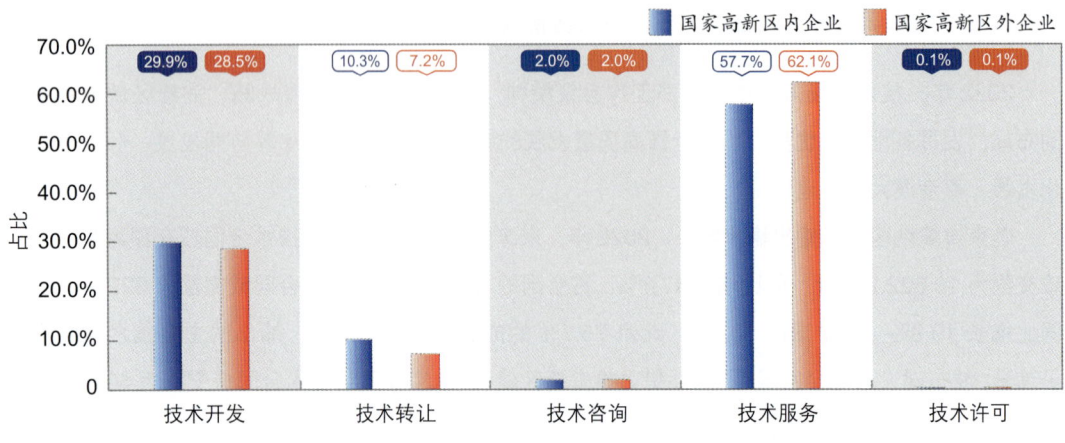

图 1-7 国家高新区内企业与国家高新区外企业比较

（五）技术转化平台持续优化，技术市场交易作用显著

2007 年，为建立企业为主体、市场为导向、产学研用相结合的技术创新体系和技术转移机构，促进企业与高校院所之间知识流动和技术转移，科技部、教育部、中国科学院决定实施"国家技术转移促进行动"，建立国家技术转移机构。近年来，全国各地积极搭建技术转移交易平台，举办科技成果直通车、创新创业大赛、创新挑战赛等活动，促成技术供给与需求对接，助力科技成果转化，推动技术要素市场加快流动。2022 年，国家级技术转移机构 420 家，促进技术转移项目成交 14.6 万项，成交额为 2004.9 亿元，同比增长 10.3%。

（六）"走出去"势头强劲，"一带一路"技术合作稳步加强[①]

以"一带一路"倡议为引领，我国技术市场加快"走出去"步伐，积极拓展海外业务，深度参与"一带一路"沿线国家和地区建设。2022 年，我国输出国外技术合同 3753 项，输出技术合同成交额为 2785.6 亿元，同比增长 30.4%，覆盖全世界 130 多个国家和地区，其中向 30 多个共建"一带一路"国家输出技术合同 737 项，成交额为 934.2 亿元，比上年增长 52.2%，在逆全球化趋势和全球新冠疫情蔓延的国际背景下仍保持较大增长。

（执笔人：孙启新、张立红）

[①] 引用数据仅限于"全国技术合同管理与服务系统"登记认定的技术合同。

第二部分 技术合同构成

一、合同类别构成

2022年，全国技术市场交易保持高度活跃，呈现高质量发展态势，技术开发、技术转让、技术咨询、技术服务和技术许可合同（技术许可合同于2022年单设）成交额均有不同程度的增长。其中，技术服务合同增速最快，成交额较上年增长34.1%，占全国技术合同成交总额的60.1%；技术转让合同次之，成交额较上年增长23.3%，占全国技术合同成交总额的8.4%（图2-1、附表2）。

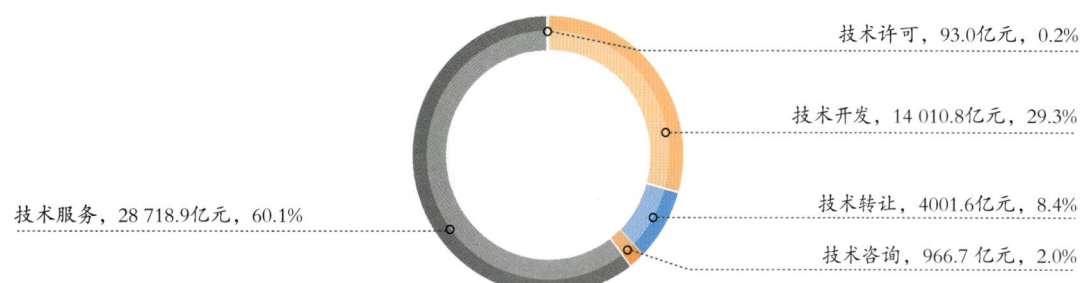

图 2-1　2022年技术合同类别构成

（一）技术开发合同

2022年，技术开发合同占比与上年基本持平。全年技术开发合同数为271 727项，同比增加15 371项；成交额为14 010.8亿元，同比增长20.0%，占全国技术合同成交总额的29.3%。其中，委托开发合同成交额占技术开发合同成交额的85.9%，合作开发合同成交额占技术开发合同成交额的14.1%（图2-2）。

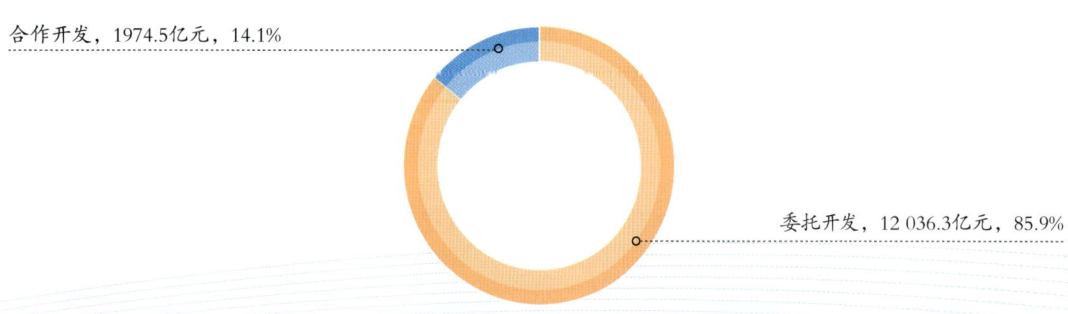

图 2-2　2022年技术开发合同类别构成

（二）技术转让合同

2022年，技术转让合同成交额在全国技术合同中的占比下降，全年技术转让合同数为38 081项，成交额为4001.6亿元，同比增长23.3%，占全国技术合同成交总额的8.4%。其中，技术秘密转让合同成交额为1925.9亿元，同比增长33.9%，占技术转让合同成交额的48.1%；专利实施许可转让合同成交额为1084.3亿元，同比增长13.1%，占技术转让合同成交额的27.1%（图2-3、附表2、附表10）。

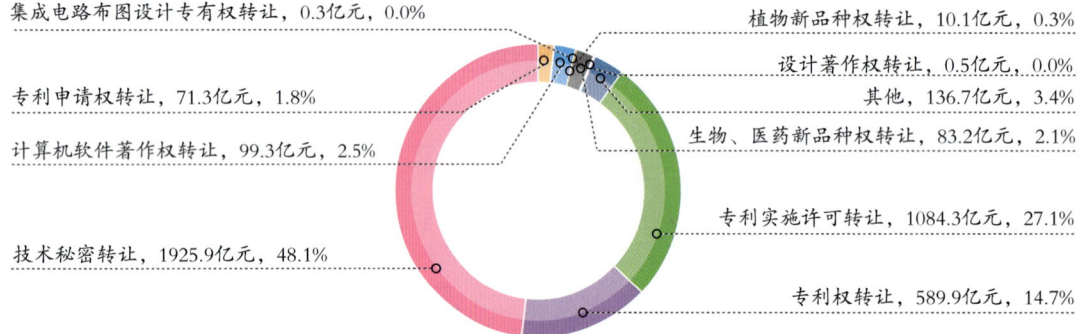

图2-3　2022年技术转让合同类别构成

（三）技术咨询合同

2022年，技术咨询合同成交额较2021年略有增长，全年共成交技术咨询合同52 955项，成交额为966.7亿元，同比增长1.6%（图2-1、附表2、附表10）。

（四）技术服务合同

2022年，技术服务合同总量保持高速增长。技术服务合同数和成交额继续稳居五大类合同首位，全年完成合同项数为407 852项，同比增加72 669项；成交额为28 718.9亿元，同比增长34.1%，占全国技术合同成交总额的60.1%（图2-1、附表2、附表10）。

（五）技术许可合同

2022年，技术许可合同数为1892项，成交额为93.0亿元（图2-1、附表2、附表10）。

二、知识产权构成

涉及知识产权的技术合同成交额占全国技术合同成交总额的近四成。2022 年，全国涉及知识产权的技术合同 241 049 项，成交额为 18 004.5 亿元，占全国技术合同成交总额的 37.7%。其中，技术秘密合同 117 688 项，成交额为 8190.2 亿元，占全国技术合同成交总额的 17.1%。专利合同 56 008 项，成交额为 7295.8 亿元，同比增长 34.1%；其中，发明专利合同 33 289 项，成交额为 4814.6 亿元，同比增长 57.2%。计算机软件著作权合同 54 881 项，成交额为 1820.6 亿元，同比降低 6.7%，占全国技术合同成交总额的 3.8%。设计著作权合同 4316 项，成交额为 388.5 亿元，同比增长 81.6%（图 2-4、附表 7）。

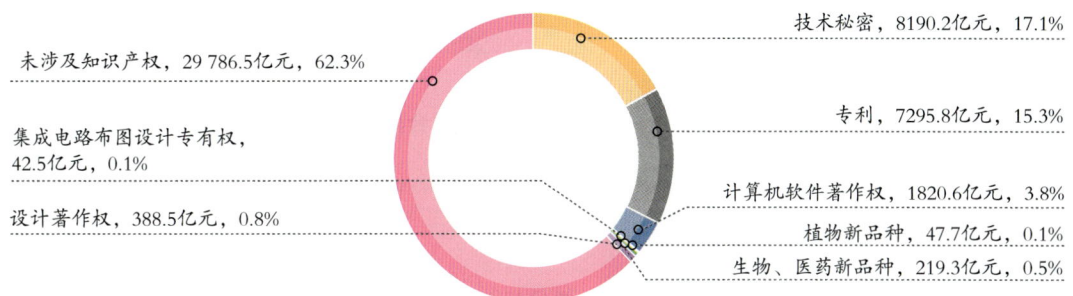

图 2-4　2022 年全国技术合同知识产权构成

三、技术领域构成

2022 年，电子信息领域技术合同项数和成交额分别为 238 692 项和 9619.6 亿元，成交额占全国技术合同成交总额的 20.1%；新能源与高效节能领域技术合同成交额增长最快，成交额为 4747.5 亿元，同比增长 57.8%；新材料及其应用领域技术合同成交额增幅达到 49.4%；先进制造、核应用和农业领域技术合同成交额增幅超过 30.0%；航空航天、现代交通和城市建设与社会发展领域技术合同成交额增幅超过 20.0%；生物、医药和医疗器械，环境保护与资源综合利用领域技术合同成交额分别同比增长 9.3% 和 13.7%。涉及优良动植物新品种培育、家畜良种胚胎生物、农业机械设备等的农业领域技术交易明显增加，技术合同成交额为 1212.9 亿元，同比增长 36.5%，为建设农业强国提供技术贡献（图 2-5、附表 3）。

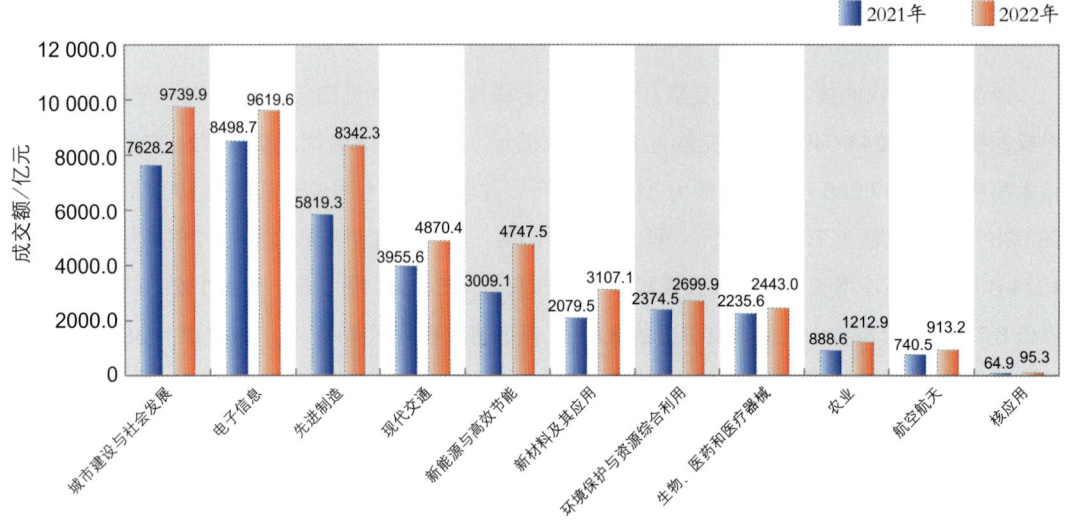

图 2-5 2021—2022 年全国技术合同领域构成

四、社会-经济目标构成

社会发展和社会服务仍是技术合同的主要目标。2022 年，促进社会发展和完善社会服务的技术合同有 207 631 项，成交额为 11 449.4 亿元，同比增长 30.5%，占全国技术合同成交总额的 24.0%；服务于公共安全、提高人民生活水平等其他民用目标的技术合同成交额居第 2 位，为 8326.4 亿元，同比增长 36.9%，占全国技术合同成交总额的 17.4%；服务于工商业发展的技术合同成交额居第 3 位，为 7501.4 亿元，同比增长 20.5%，占全国技术合同成交总额的 15.7%；服务于能源生产、分配和合理利用的技术合同发展势头迅猛，成交额达到 4686.3 亿元，同比增长 72.8%（图 2-6、附表 11）。

第二部分 技术合同构成

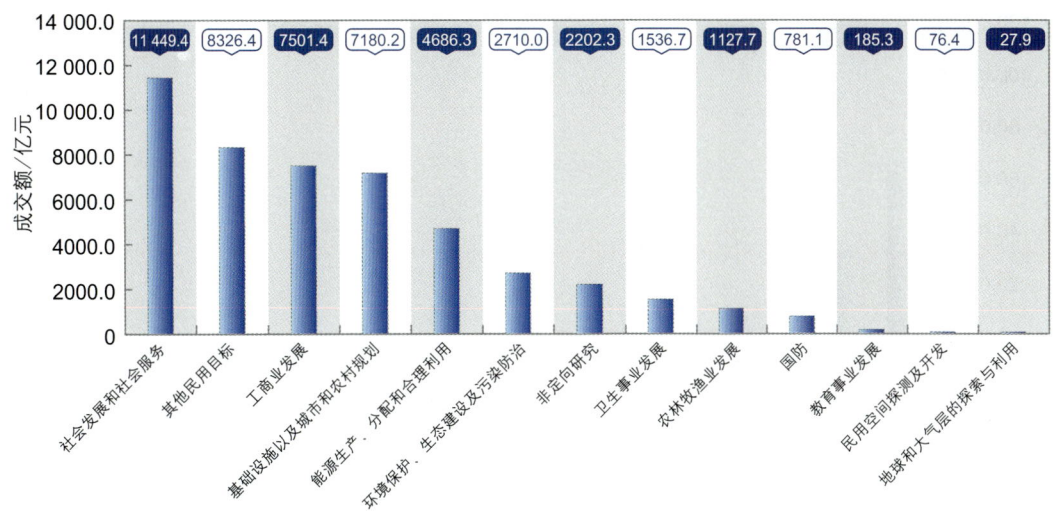

图 2-6 2022年全国技术合同社会-经济目标构成

五、科技计划项目构成

各类科技计划项目成交总量保持增长。2022年，各类科技计划项目技术合同99 152项，成交额为6523.8亿元，同比增长15.3%，占全国技术合同成交总额的13.7%。其中，地市县计划项目成交额居首位，为3021.7亿元，占各类科技计划项目成交额总量的46.3%；省（自治区、直辖市）及计划单列市、新疆生产建设兵团计划项目成交额居第2位，为2686.8亿元，同比增长15.2%；国家科技计划项目成交额为229.4亿元，其中，国家科技重大专项、自然科学基金和国家重点新产品计划成交额居前列，分别为62.8亿元、33.0亿元和6.5亿元；部门计划项目成交额为559.9亿元，同比增长16.6%（图2-7、图2-8、附表12）。

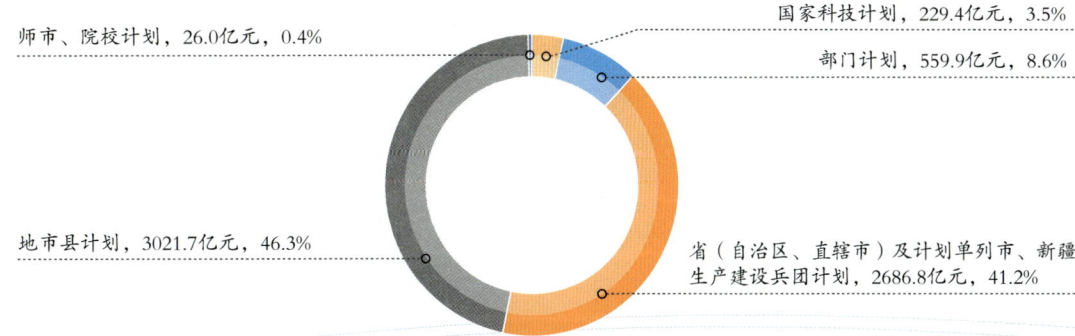

图 2-7 2022年全国技术合同科技计划项目构成

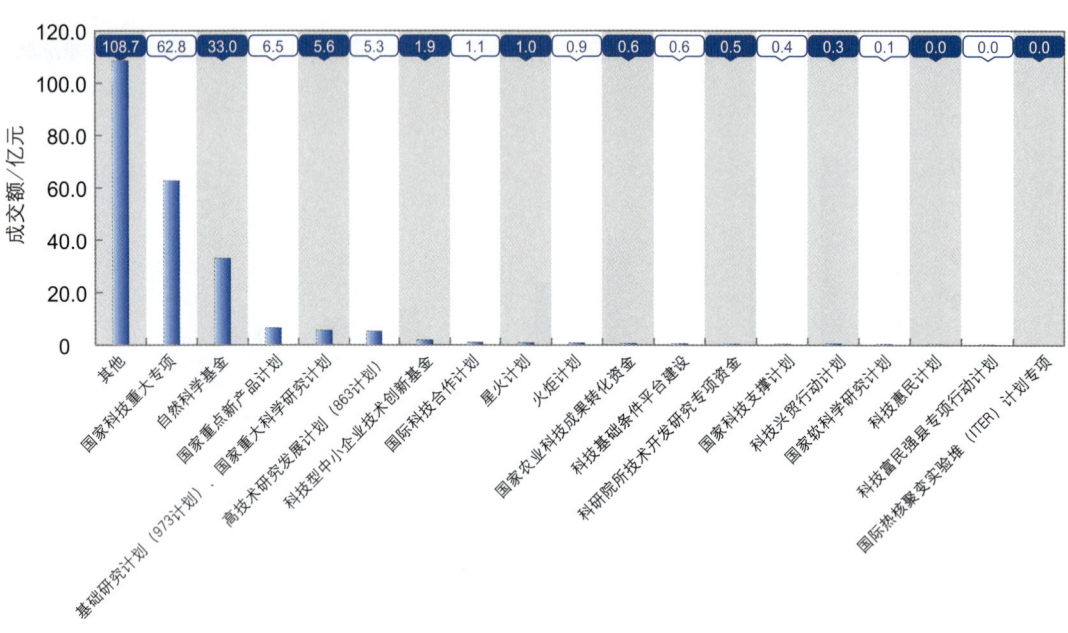

图 2-8　2022 年国家科技计划各类技术项目成交额情况

六、大额技术合同构成

大额技术合同（即技术合同成交额 1000 万元及以上）成交额占比超过八成。2022 年，签订大额技术合同 40 297 项，成交额为 38 405.0 亿元，同比增长 29.2%，占全国技术合同成交总额的 80.4%，比上年增长 0.7 个百分点。平均每项大额技术合同成交额为 9530.5 万元，远远高于 618.6 万元的全国平均每项技术合同成交额。

技术服务合同成为大额技术合同的主要交易类型。2022 年，大额技术服务合同有 19 902 项，成交额为 24 390.7 亿元，占全国大额技术合同成交额的 63.5%，主要涉及现代交通，电子信息，生物、医药和医疗器械领域（图 2-9、附表 4）。

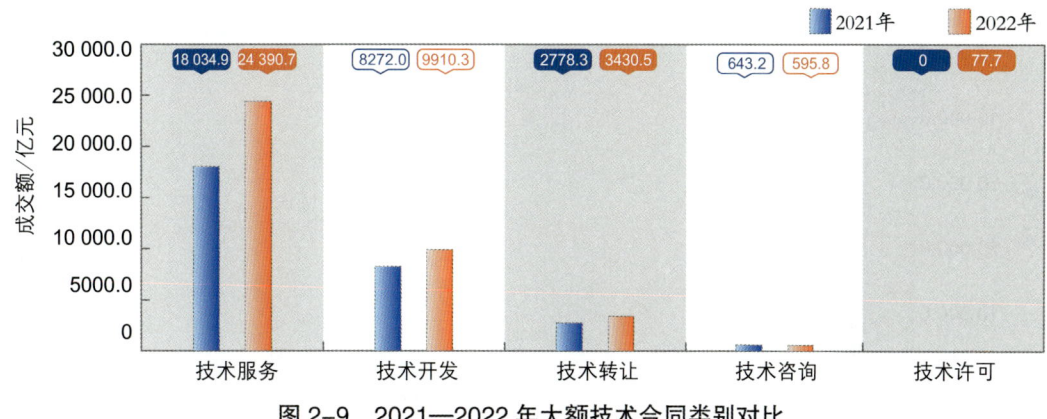

图 2-9　2021—2022 年大额技术合同类别对比

城市建设与社会发展领域大额技术合同成交额居首位。2022 年，城市建设与社会发展领域大额技术合同有 5801 项，成交额为 8915.6 亿元，占全国大额技术合同成交额的 23.2%；电子信息领域大额技术合同有 8918 项，成交额为 7167.8 亿元，居第 2 位，占全国大额技术合同成交额的 18.7%；先进制造领域大额技术合同有 8859 项，成交额为 5828.5 亿元，居第 3 位，占全国大额技术合同成交额的 15.2%。

技术秘密成为大额技术合同的主要知识产权类型。2022 年，涉及技术秘密的大额技术合同有 7007 项，成交额为 6679.7 亿元，占全国大额技术合同成交额的 17.4%；涉及专利的大额技术合同有 5116 项，成交额为 6555.7 亿元，居第 2 位；涉及计算机软件著作权的大额技术合同有 2070 项，成交额为 1214.0 亿元，居第 3 位（附表 4）。

七、技术交易主体构成

企业法人技术输出和吸纳均居首位。2022 年，企业技术交易主体地位稳固，输出和吸纳技术总量均实现持续增长，成交额分别为 44 768.3 亿元、39 550.3 亿元，比上年分别增长 29.6% 和 30.2%；以高等院校和科研机构为主的事业法人输出技术合同成交额为 2411.7 亿元，高于吸纳技术合同成交额（2046.6 亿元）；机关法人购买服务力度加大，吸纳技术合同成交额为 4932.1 亿元，同比增长 10.2%；自然人输出技术合同成交额高于吸纳技术合同成交额；社团法人和其他组织吸纳技术合同成交额高于输出技术合同成交额（图 2-10、附表 9、附表 13、附表 14）。

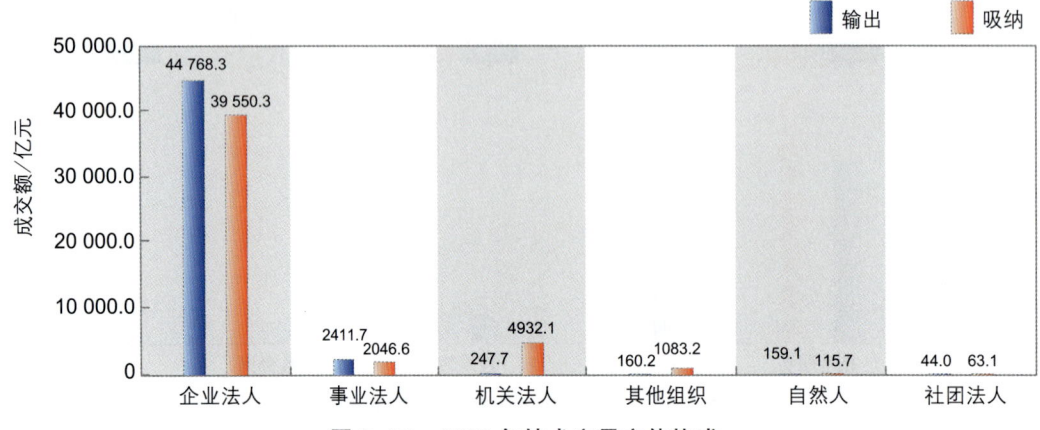

图 2-10　2022 年技术交易主体构成

（一）技术输出方

2022 年，企业法人输出技术合同成交额居各类主体榜首，输出技术合同有 521 900 项，成交额为 44 768.3 亿元，较上年增幅达到 29.6%；社团法人输出技术合同成交额增幅居各类主体首位，增幅达到 77.9%（图 2-11、附表 9）。

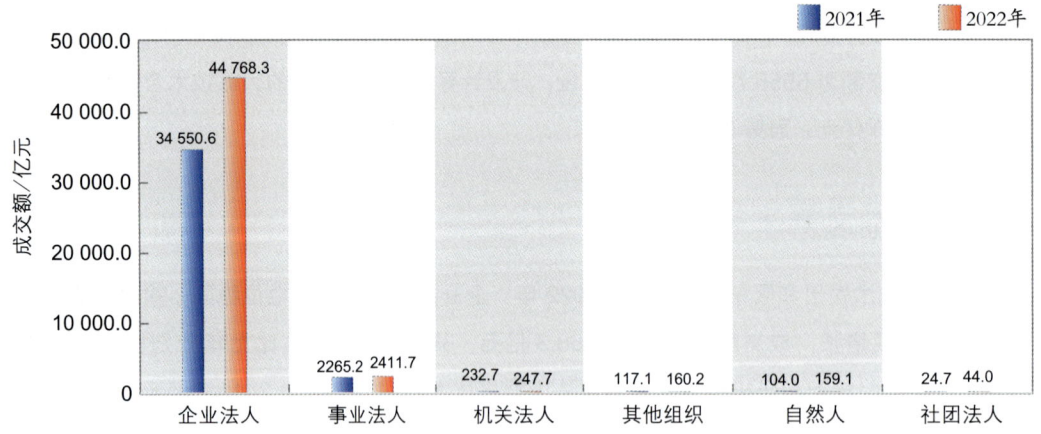

图 2-11　2021—2022 年技术输出方构成

1. 企业法人输出

企业法人输出技术合同成交额在全国技术合同成交总额中的占比超九成。2022 年，企业法人输出技术合同有 521 900 项，同比增长 19.2%，成交额为 44 768.3 亿元，同比增长 29.6%，占全国技术合同成交总额的 93.7%。其中，内资企业输出技术合同成交额占比最高，输出技术合同有

492 051项，成交额为39 641.1亿元，占企业法人输出技术合同成交额的88.5%；外商投资企业输出技术合同有12 666项，成交额为2050.2亿元，同比增长16.5%；境外企业输出技术合同有3848项，成交额为1885.3亿元。境外企业、外商投资企业平均每项输出技术合同成交额为4899.4万元和1618.7万元，远高于内资企业805.6万元的平均每项输出技术合同成交额（图2-12、附表9）。

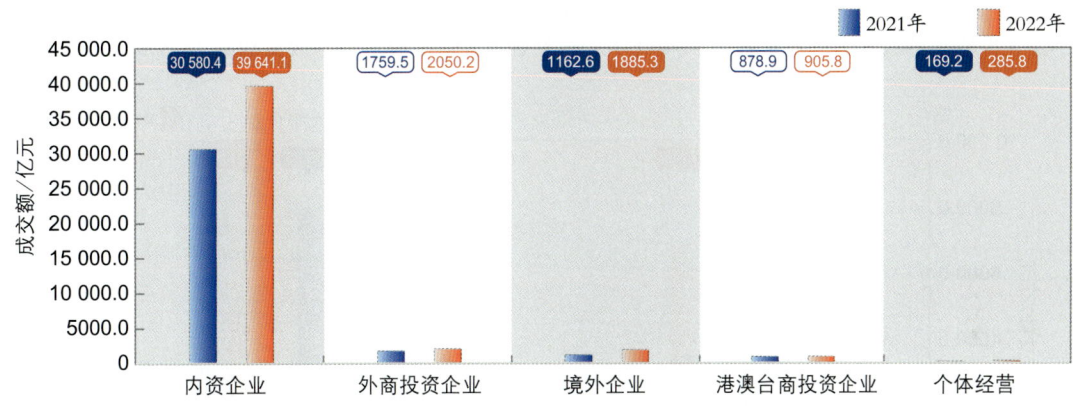

图2-12　2021—2022年企业法人输出技术构成

企业是技术创造的主体。企业法人技术合同输出对象主要为企业法人、机关法人和事业法人。2022年，输出到企业法人的技术合同有413 672项，成交额为37 794.8亿元，占企业法人输出技术合同成交额的84.4%；输出到机关法人的技术合同有57 048项，成交额为4301.3亿元，占企业法人输出技术合同成交额的9.6%；输出到事业法人的技术合同有38 467项，成交额为1580.1亿元，占企业法人输出技术合同成交额的3.5%（图2-13、附表13）。

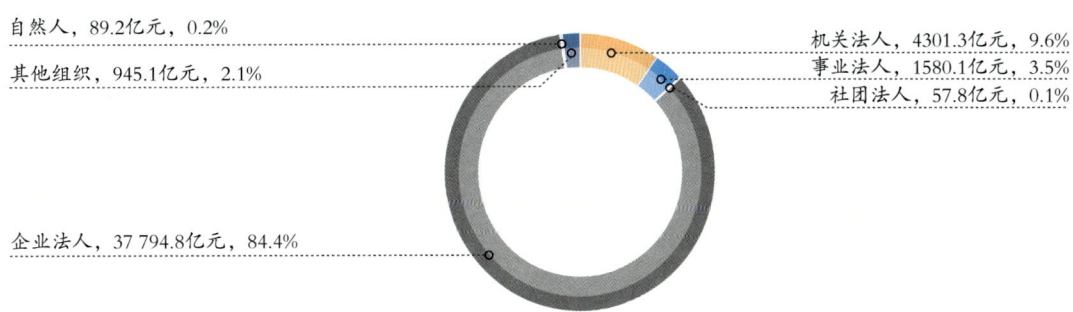

图2-13　2022年企业法人输出技术流向

大型企业向大型和中小型企业输出的技术合同成交额占比约为三成。2022年，大型企业共向大型和中小型企业输出技术合同49 324项，成交额为14 800.7亿元，占企业法人输出技术合同成交额（44 768.3 亿元）的 33.1%。其中，大型企业向大型企业输出的技术合同成交额为 9080.5 亿元，占企业法人输出技术合同成交额的 20.3%；向中小型企业输出的技术合同成交额为 5720.3 亿元，占企业法人输出技术合同成交额的 12.8%。中小型企业成交活跃，向大型和中小型企业共输出技术合同 208 862 项，成交额为 10 441.3 亿元，比上年分别增长 36.7% 和 26.0%。其中，中小型企业向大型企业输出的技术合同成交额为 2696.5 亿元，占企业法人输出技术合同成交额的 6.0%；向中小型企业输出的技术合同成交额为 7744.8 元，占企业法人输出技术合同成交额的 17.3%（图 2-14）。

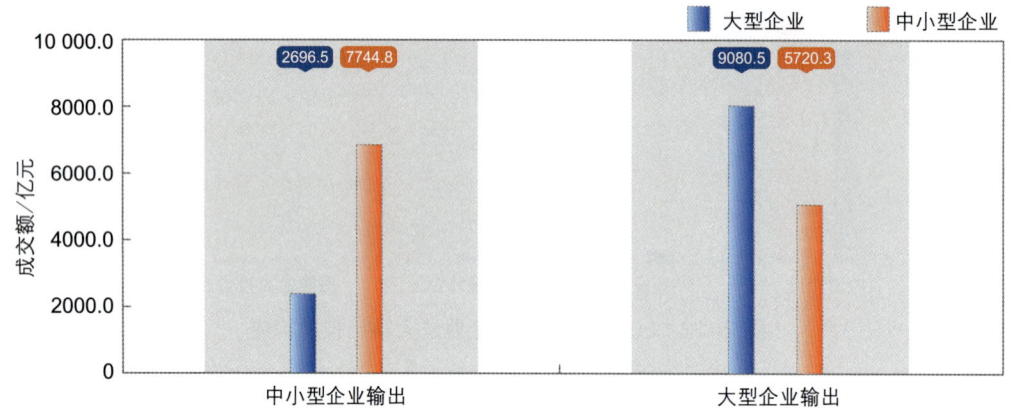

图 2-14　2022 年大型企业和中小型企业之间输出技术情况

2. 事业法人输出

医疗、卫生机构等事业法人输出技术合同总量明显增加。2022 年，事业法人输出技术合同有 242 206 项，成交额为 2411.7 亿元，同比增长 6.5%。其中，科研机构输出技术合同有 80 433 项，成交额为 1229.0 亿元，同比增长 0.9%；高等院校输出技术合同有 132 883 项，成交额为 811.4 亿元，同比增长 2.7%；为应对新冠疫情，医疗、卫生机构技术交易明显增加，输出技术合同有 9039 项，成交额为 86.4 亿元，比上年增长 106.4%（图 2-15、附表 9）。

第二部分 技术合同构成

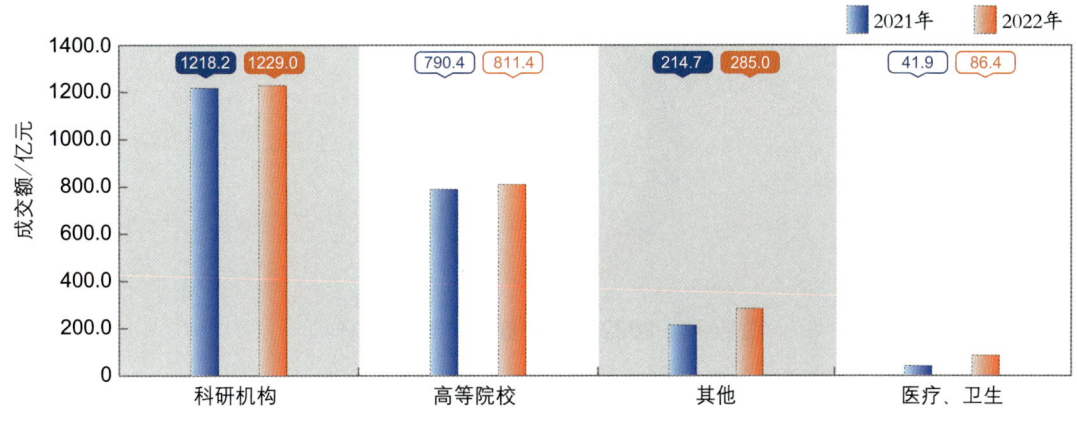

图 2-15　2021—2022 年事业法人输出技术构成

高等院校向企业法人输出技术占比超过七成。2022 年，高等院校输出技术合同有 132 883 项，成交额为 811.4 亿元。其中，输出到企业法人的技术合同有 96 761 项，成交额为 614.1 亿元，占高等院校输出技术合同成交额的 75.7%；输出到事业法人的技术合同有 19 160 项，成交额为 93.4 亿元，占高等院校输出技术合同成交额的 11.5%，居第 2 位；输出到机关法人的技术合同有 14 505 项，成交额为 92.4 亿元，占高等院校输出技术合同成交额的 11.4%，居第 3 位（图 2-16）。

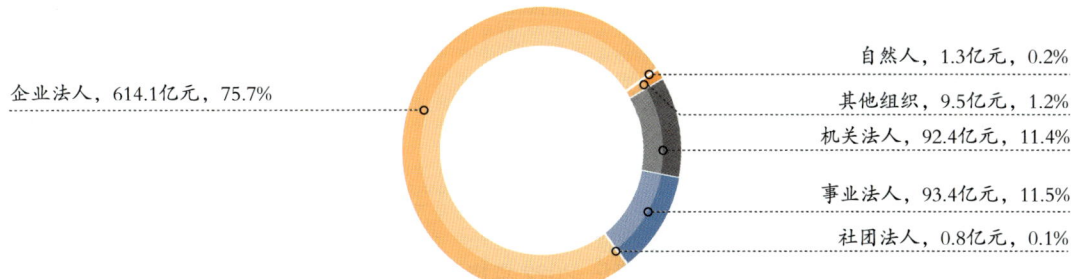

图 2-16　2022 年高等院校输出技术流向

科研机构流向企业法人的技术占近五成。2022 年，科研机构输出到企业法人的技术合同有 49 384 项，成交额为 572.1 亿元，占科研机构输出技术合同成交额的 46.6%；输出到事业法人的技术合同有 17 907 项，成交额为 326.7 亿元，占科研机构输出技术合同成交额的 26.6%，居第 2 位；输出到机关法人的技术合同有 10 549 项，成交额为 270.6 亿元，占科研机构输出技术合同成交额的 22.0%，居第 3 位（图 2-17）。

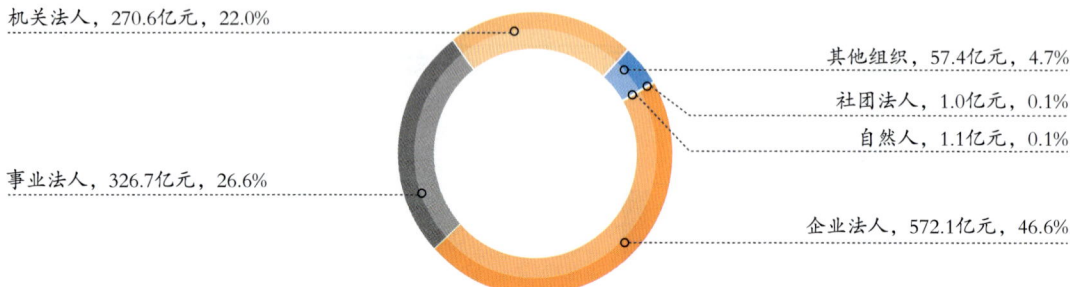

图 2-17　2022 年科研机构输出技术流向

（二）技术吸纳方

2022 年，企业法人技术需求快速增长，其同比增量远高于机关法人、事业法人、社团法人、自然人和其他组织（图 2-18、附表 14）。

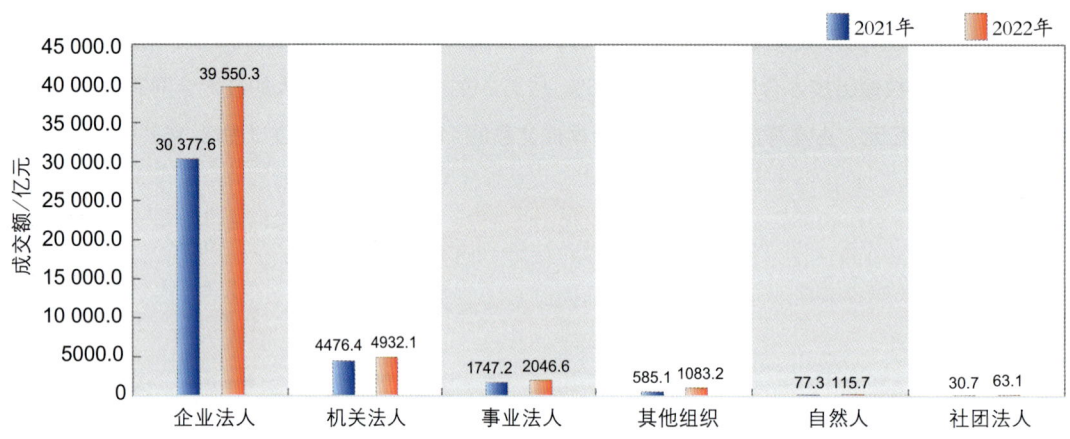

图 2-18　2021—2022 年技术吸纳方构成

1. 企业法人吸纳

企业法人是技术吸纳的主体。2022 年，企业法人吸纳技术合同有 581 878 项，成交额为 39 550.3 亿元，同比增长 30.2%，占全国技术合同成交总额的 82.8%。其中，内资企业技术吸纳占据主导地位，吸纳技术合同有 543 833 项，成交额为 34 052.3 亿元，比上年增长 39.6%，占企业法人吸纳技术合同成交额的 86.1%；境外企业吸纳技术合同成交额为 2336.4 亿元，居第 2 位，同比降低 31.4%；港澳台商投资企业吸纳技术合同成交额为 1081.1 亿元，同比增长 10.8%；外商投资企业吸纳技术合同成交额为 1825.2 亿元，同比增长 34.5%；个体经营吸纳技术合同成交额为

255.4亿元，同比增长4.1%（图2-19、附表14）。

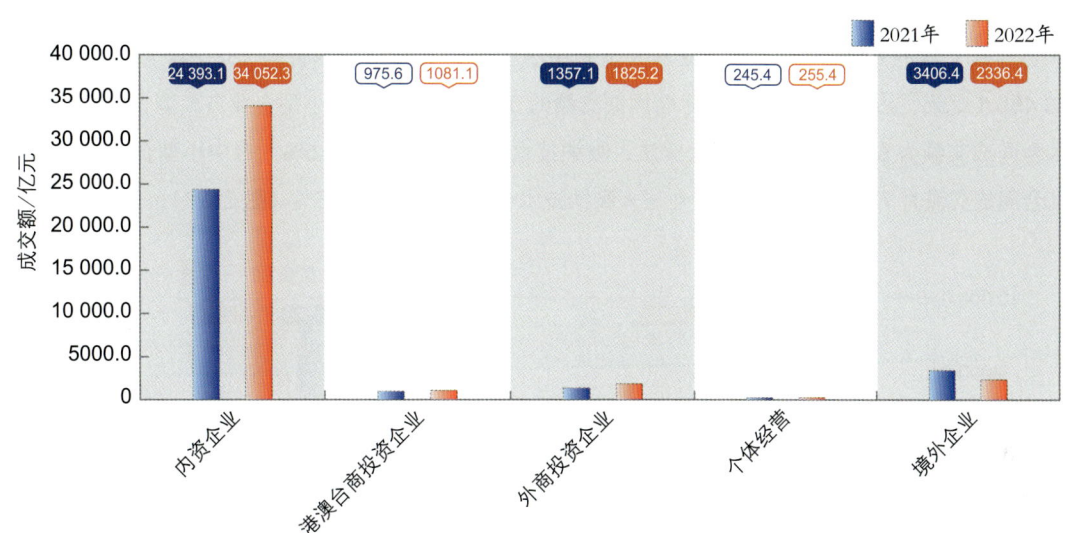

图2-19 2021—2022年企业法人吸纳技术构成

企业法人之间吸纳技术合同成交额占比超九成。2022年，企业法人吸纳自企业法人的技术合同有413 672项，成交额为37 794.8亿元，占企业法人吸纳技术合同成交额的95.6%；吸纳自事业法人的技术合同有162 795项，成交额为1391.2亿元，占企业法人吸纳技术合同成交额的3.5%（图2-20、附表13）。

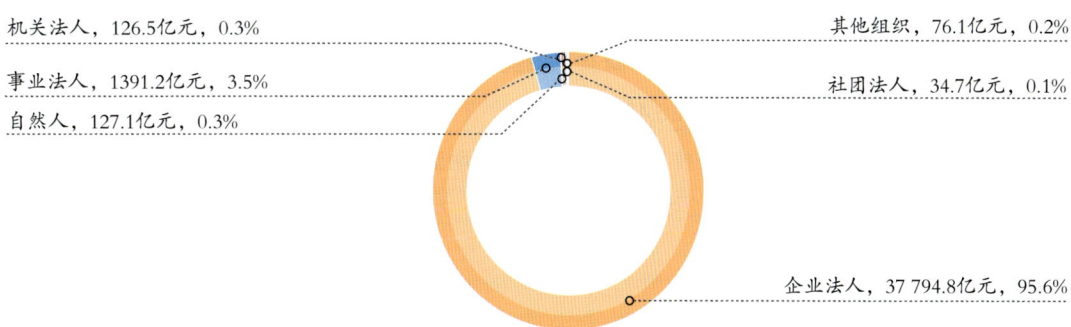

图2-20 2022年企业法人吸纳技术来源

中小型企业技术吸纳表现突出。2022年，大型企业从大型和中小型企业共吸纳技术合同74 942项，成交额为11 776.9亿元，占企业法人吸纳技术合同成交额（39 550.3亿元）的

29.8%。其中，大型企业吸纳自大型企业的技术合同成交额为 9080.5 亿元，占企业法人吸纳技术合同成交额的 23.0%；吸纳自中小型企业的技术合同成交额为 2696.5 亿元，占企业法人吸纳技术合同成交额的 6.8%。中小型企业从大型和中小型企业共吸纳技术合同 183 244 项，成交额为 13 465.1 亿元，占企业法人吸纳技术合同成交额的 34.0%。其中，中小型企业自大型企业吸纳的技术合同成交额为 5720.3 亿元，占企业法人吸纳技术合同成交额的 14.5%；自中小型企业吸纳的技术合同成交额为 7744.8 亿元，占企业法人吸纳技术合同成交额的 19.6%（图 2-21）。

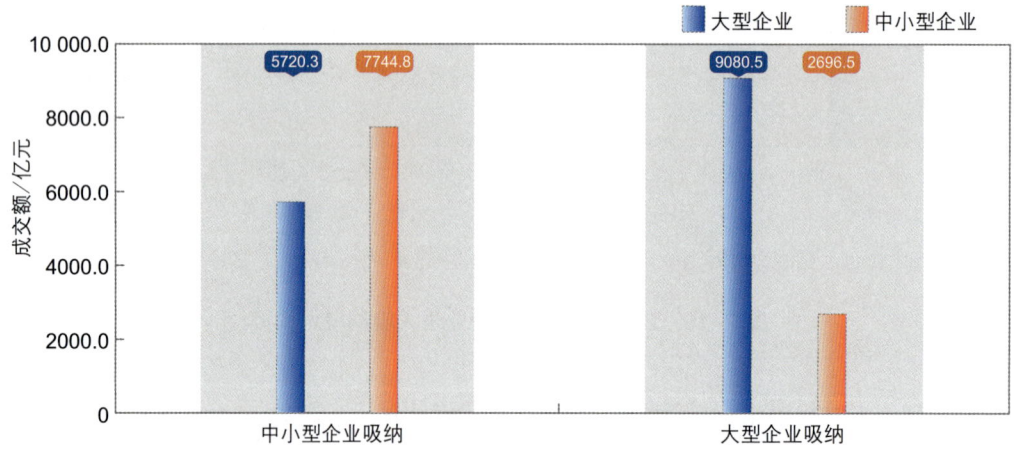

图 2-21　2022 年大型企业和中小型企业之间吸纳技术情况

2. 事业法人吸纳

事业法人吸纳技术总量稳步增长。2022 年，事业法人吸纳技术合同有 80 364 项，成交额为 2046.6 亿元。其中，科研机构吸纳技术合同有 27 398 项，成交额为 541.0 亿元，较上年增长 6.7%，占事业法人吸纳技术合同成交额的 26.4%；高等院校吸纳技术合同成交额为 148.7 亿元，较上年增长 14.9%；医疗、卫生机构吸纳技术合同成交额增幅明显，吸纳技术合同有 8275 项，成交额为 204.0 亿元，同比增长 83.2%（图 2-22、附表 14）。

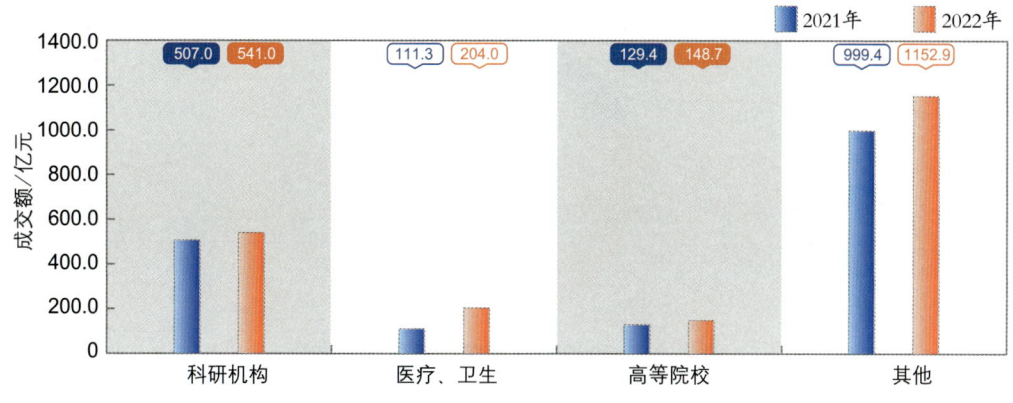

图 2-22　2021—2022 年事业法人吸纳技术构成

科研机构吸纳技术主要来源于企业法人和事业法人。2022 年，科研机构吸纳自企业法人的技术合同有 8468 项，成交额为 298.4 亿元，居第 1 位，占科研机构吸纳技术合同成交额的 55.1%；吸纳自事业法人的技术合同有 18 791 项，成交额为 241.7 亿元，居第 2 位，占科研机构吸纳技术合同成交额的 44.7%（图 2-23）。

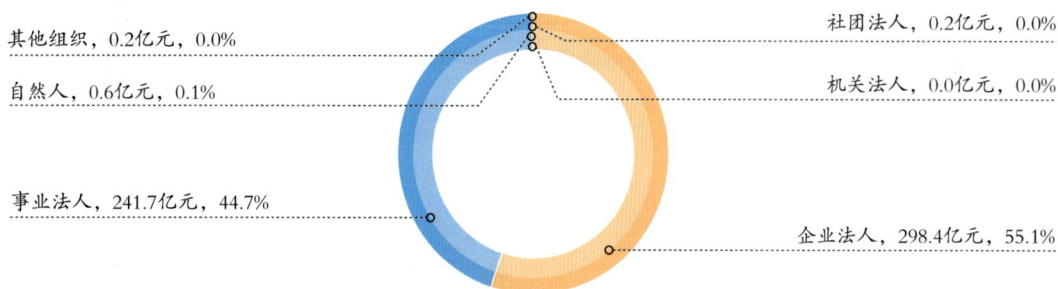

图 2-23　2022 年科研机构吸纳技术来源

高等院校吸纳技术主要来源于企业法人。2022 年，高等院校吸纳自企业法人的技术合同有 9890 项，成交额为 121.1 亿元，居第 1 位，占高等院校吸纳技术合同成交额的 81.5%；吸纳自事业法人的技术合同有 7091 项，成交额为 25.9 亿元，占高等院校吸纳技术合同成交额的 17.4%（图 2-24）。

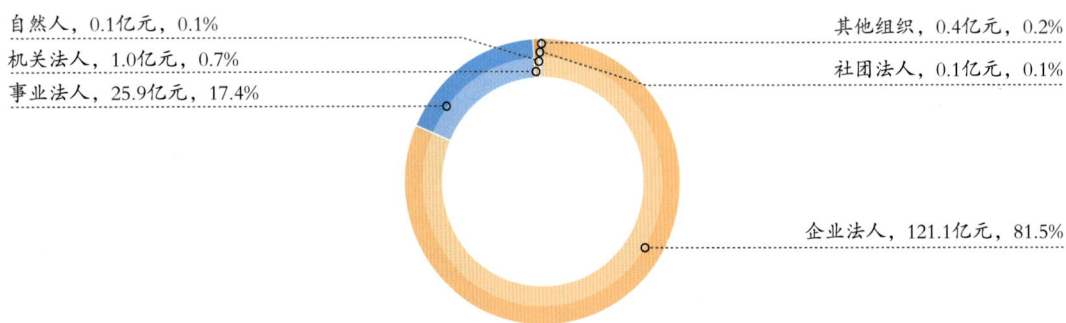

图 2-24　2022 年高等院校吸纳技术来源

3. 机关法人吸纳

机关法人吸纳企业法人技术超八成。2022 年,机关法人吸纳自企业法人的技术合同有 57 048 项,成交额为 4301.3 亿元,居第 1 位,占机关法人吸纳技术合同成交额的 87.2%;吸纳自事业法人的技术合同有 32 301 项,成交额为 484.9 亿元,居第 2 位,占机关法人吸纳技术合同成交额的 9.8%(图 2-25、附表 13)。

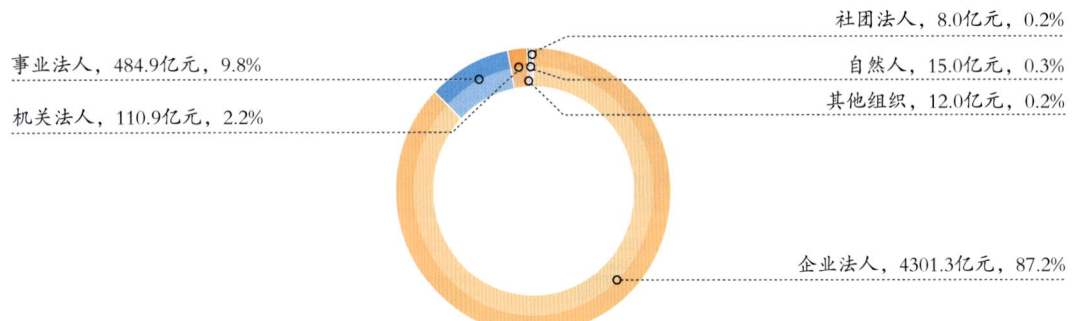

图 2-25　2022 年机关法人吸纳技术来源

(三)技术卖方机构

参与技术卖方市场的机构数量逐年增加。2022 年,全国科技管理部门认定登记的技术合同中共有卖方机构 96 043 家,比上年增加 13 975 家,同比增长 17.0%;技术合同成交额为 47 791.0 亿元,同比增长 28.1%。其中,企业法人性质卖方机构数量最多,共 88 649 家,同比增长 17.1%,占全部卖方机构数量的 92.3%;成交额为 44 768.3 亿元,占全部卖方机构成交额的 93.7%,其中内资企业贡献了绝大部分技术输出。高等院校、科研机构性质卖方机构数量之和为 3463 家,同比增长 7.1%;成交额为 2040.4 亿元,同比增长 1.6%(表 2-1)。

第二部分　技术合同构成

表 2-1　2022 年各类技术交易卖方机构构成及交易情况

卖方类别		机构数/家	合同数/项	成交额/亿元
机关法人	国家级行政机关	12	23	0.5
	省级行政机关	18	112	18.1
	市级行政机关	29	167	15.3
	县级及以下行政机关	224	771	213.8
	合计	283	1073	247.7
其他组织	单位分支机构	110	934	49.8
	其他国内组织	414	1415	87.3
	其他外国组织	101	177	23.0
	合计	625	2526	160.2
企业法人	港澳台商投资企业	1016	5274	905.8
	个体经营	2536	8061	285.8
	境外企业	1657	3848	1885.3
	内资企业	81 654	492 051	39 641.1
	外商投资企业	1786	12 666	2050.2
	合计	88 649	521 900	44 768.3
社团法人	国家民政机关批准	18	36	0.3
	区县民政机关批准	113	627	27.0
	省市民政机关批准	164	1074	16.7
	合计	295	1737	44.0
事业法人	高等院校	1181	132 883	811.4
	科研机构	2282	80 433	1229.0
	其他	1145	19 851	285.0
	医疗、卫生	454	9039	86.4
	合计	5062	242 206	2411.7

续表

卖方类别		机构数/家	合同数/项	成交额/亿元
自然人	外国籍	22	26	1.8
	中国籍	1107	3039	157.4
	合计	1129	3065	159.1
合计		96 043	772 507	47 791.0

1. 企业法人

外商投资企业和境外企业数量增加。2022年，各类企业性质卖方机构中，内资企业数量最多，共81 654家，占企业法人性质卖方机构数量的92.1%；港澳台商投资企业和外商投资企业分别为1016家和1786家，共占企业法人性质卖方机构数量的3.2%；境外企业1657家，比上年增长25.9%，占企业法人性质卖方机构数量的1.9%。中信建设有限责任公司、中国路桥工程有限责任公司、华为技术有限公司输出技术合同成交额居企业法人前三甲（表2–2）。

表2–2　2022年企业法人输出技术合同成交额前20名

排名	卖方名称
1	中信建设有限责任公司
2	中国路桥工程有限责任公司
3	华为技术有限公司
4	中电建路桥集团有限公司
5	中国能源建设集团广东省电力设计研究院有限公司
6	中交路桥建设有限公司
7	中国船舶重工集团海装风电股份有限公司
8	中铁广州工程局集团有限公司
9	上汽通用汽车有限公司
10	广州芳白城际轨道交通有限公司
11	中国核电工程有限公司

续表

排名	卖方名称
12	中国建筑第八工程局有限公司
13	广州广花城际轨道交通有限公司
14	上海华为技术有限公司
15	北京达佳互联信息技术有限公司
16	中铁二局集团有限公司
17	中国恩菲工程技术有限公司
18	上海核工程研究设计院有限公司
19	中国石油集团测井有限公司
20	保利长大工程有限公司

医疗、卫生机构数量有所增加。2022年，参与技术输出的医疗、卫生机构数量为454家，比上年增加60家，同比增长15.2%，输出技术合同9039项，成交额为86.4亿元，为提升医疗技术水平、守护人民群众健康做出了贡献。

2. 事业法人

科研机构数量规模扩大。2022年，作为卖方机构参与技术交易的科研机构数量为2282家，较上年增加156家，成交额为1229.0亿元，同比增长0.9%。北京市建筑设计研究院、中国科学院微电子研究所、北京控制工程研究所输出技术合同成交额居科研机构前三甲（表2-3）。

表2-3　2022年科研机构输出技术合同成交额前20名

排名	卖方名称
1	北京市建筑设计研究院
2	中国科学院微电子研究所
3	北京控制工程研究所
4	复旦大学义乌研究院
5	北京空间飞行器总体设计部
6	西安空间无线电技术研究所

续表

排名	卖方名称
7	山东省水利勘测设计院
8	中联西北工程设计研究院有限公司
9	北京无线电测量研究所
10	中国航天科工XX技术研究院
11	中国航发湖南动力机械研究所
12	中国人民解放军军事科学院军事医学研究院
13	中国科学院上海药物研究所
14	中国科学院空天信息创新研究院
15	中国核动力研究院
16	中国电子科技集团公司第二十研究所
17	辽宁省交通规划设计院
18	中国舰船研究设计中心（中国船舶重工集团公司第七〇一研究所）
19	中国环境科学研究院
20	西北机电工程研究所

高等院校参与技术输出数量增加。2022年，共有1181家高等院校提供技术输出，较上年增加73家，成交额为811.4亿元。其中，"双一流"高校技术交易成效显著，排前20名的高等院校均为"双一流"高校，共签订输出技术合同25 020项，成交额为285.6亿元，占全国高等院校输出技术合同成交额的35.2%。浙江大学、华中科技大学、武汉大学输出技术合同成交额居高等院校前三甲（表2-4）。

表2-4　2022年高等院校输出技术合同成交额前20名

排名	卖方名称
1	浙江大学
2	华中科技大学
3	武汉大学

续表

排名	卖方名称
4	上海科技大学
5	山东大学
6	哈尔滨工业大学
7	清华大学
8	上海交通大学
9	四川大学
10	西安交通大学
11	武汉理工大学
12	复旦大学
13	华南理工大学
14	东北大学
15	南京大学
16	西安电子科技大学
17	东南大学
18	中国地质大学（武汉）
19	中南大学
20	青岛科技大学

（四）技术买方机构

技术买方机构数量大于技术卖方机构。2022年，经认定登记的技术合同中共有买方机构332 339家，平均每家买方机构购买技术2.3项。其中，企业法人性质买方机构数量最多，共257 808家，占全部买方机构数量的77.6%；成交额为39 550.3亿元，同比增长30.2%，占全部买方机构成交额的82.0%（表2-5）。

表 2-5　2022 年各类技术交易买方机构构成及交易情况

买方类别		机构数/家	合同数/项	成交额/亿元
机关法人	国家级行政机关	1584	5970	274.8
	省级行政机关	2349	17 652	1374.7
	市级行政机关	9103	24 750	1094.8
	县级及以下行政机关	15 956	42 683	2187.7
	合计	28 992	91 055	4932.1
其他组织	单位分支机构	1231	2319	135.9
	其他国内组织	3351	4820	352.8
	其他外国组织	285	436	594.5
	合计	4867	7575	1083.2
企业法人	港澳台商投资企业	2963	8046	1081.1
	个体经营	8850	10 912	255.4
	境外企业	1926	3721	2336.4
	内资企业	239 007	543 832	34 052.3
	外商投资企业	5062	15 367	1825.2
	合计	257 808	581 878	39 550.3
社团法人	国家民政机关批准	211	386	3.7
	区县民政机关批准	682	1210	47.1
	省市民政机关批准	700	964	12.3
	合计	1593	2560	63.1
事业法人	高等院校	4375	17 167	148.7
	科研机构	6026	27 398	541.0
	其他	16 546	27 524	1152.9
	医疗、卫生	4312	8275	204.0
	合计	31 259	80 364	2046.6
自然人	外国籍	32	39	1.4
	中国籍	7788	9036	114.4
	合计	7820	9075	115.7
合计		332 339	772 507	47 791.0

第二部分 技术合同构成

1. 企业法人

技术买方机构中,内资企业数量居首位。2022年,各类企业性质买方机构中,内资企业数量最多,共 239 007 家,占企业法人性质买方机构数量的 92.7%;港澳台商投资企业和外商投资企业分别为 2963 家和 5062 家,共占企业法人性质买方机构数量的 3.1%;境外企业 1926 家,占企业法人性质买方机构数量的 0.7%;个体经营 8850 家,占企业法人性质买方机构数量的 3.4%。华为技术有限公司、广州地铁集团有限公司、北京华为数字技术有限公司吸纳技术合同成交额居企业法人前三甲(表 2-6)。

表 2-6 2022 年企业法人吸纳技术合同成交额前 20 名

排名	买方名称
1	华为技术有限公司
2	广州地铁集团有限公司
3	北京华为数字技术有限公司
4	华为终端有限公司
5	通用汽车环球科技运作有限公司
6	北京快手科技有限公司
7	三门核电有限公司
8	中电建红河州建个元高速公路有限公司
9	中山西部外环高速公路有限公司
10	舍弗勒(中国)有限公司
11	广东能源青洲海上风电有限公司
12	腾讯科技(深圳)有限公司
13	京昆高速铁路西昆有限公司
14	哈萨克斯坦国家公路股份公司
15	南京宁信科创发展有限公司
16	中核苏能核电有限公司
17	浙江天猫技术有限公司

续表

排名	买方名称
18	深圳市腾讯计算机系统有限公司
19	蔚来汽车科技（安徽）有限公司
20	中铁隧道局集团有限公司

2. 事业法人

吸纳技术的科研机构数量增加。2022 年，作为买方机构参与技术交易的科研机构数量为 6026 家，比上年增加 712 家，同比增长 13.4%；成交额为 541.0 亿元，同比增长 6.7%。中国空间技术研究院、淄博高新区科工信局、沈阳飞机设计研究所吸纳技术合同成交额居科研机构前三甲（表 2–7）。

表 2–7　2022 年科研机构吸纳技术合同成交额前 20 名

排名	买方名称
1	中国空间技术研究院
2	淄博高新区科工信局
3	沈阳飞机设计研究所
4	中国电子科技集团公司第十四研究所
5	北京空间飞行器总体设计部
6	中国科学院高能物理研究所
7	中国飞行试验研究院
8	中国航发沈阳发动机研究所
9	国家自然科学基金委员会
10	湖北航天技术研究院总体设计所
11	航天东方红卫星有限公司
12	北京宇航系统工程研究所
13	中国航发北京航空材料研究院

续表

排名	买方名称
14	北京控制工程研究所
15	大连测控技术研究所
16	西安空间无线电技术研究所
17	中国电子科技集团公司第二十八研究所
18	中国航天三江集团有限公司
19	中国兵器科学研究院
20	中国航天科工飞航技术研究院

高等院校吸纳技术踊跃。2022年，共有4375家高等院校签订吸纳技术合同，与上年相比增加了206家；成交额为148.7亿元，同比增长14.9%。排前20名的高等院校共签订吸纳技术合同1908项，成交额为134.3亿元，占全国高等院校吸纳技术合同成交额的90.3%。上海科技大学、中国民航大学、清华大学吸纳技术合同成交额居高等院校前三甲（表2-8）。

表2-8　2022年高等院校吸纳技术合同成交额前20名

排名	买方名称
1	上海科技大学
2	中国民航大学
3	清华大学
4	陕西建设技师学院
5	安徽理工大学
6	中央民族大学
7	陕西铁路工程职业技术学院
8	宁夏医科大学
9	浙江大学
10	哈尔滨工业大学（深圳）

排名	买方名称
11	西北工业大学
12	江汉大学
13	华中科技大学
14	湖北理工学院
15	北京交通大学
16	北京航空航天大学
17	广东轻工职业技术学院
18	天津大学
19	哈尔滨工业大学
20	华中农业大学

（执笔人：张立红、党琳）

第三部分　各地技术交易的情况

一、合同登记情况

全国大部分省份登记技术合同成交额保持增长。2022年，登记技术合同成交额排名前10位的省份依次为北京、广东、上海、江苏、山东、陕西、湖北、安徽、浙江和湖南，前10位省份的登记技术合同项数与成交额总和分别占全国的76.4%和78.9%。前10位省份中，安徽登记技术合同成交额由上年的第9位上升至第8位；上海上升1位，居第3位；湖南上升至第10位（图3-1、表3-1）。

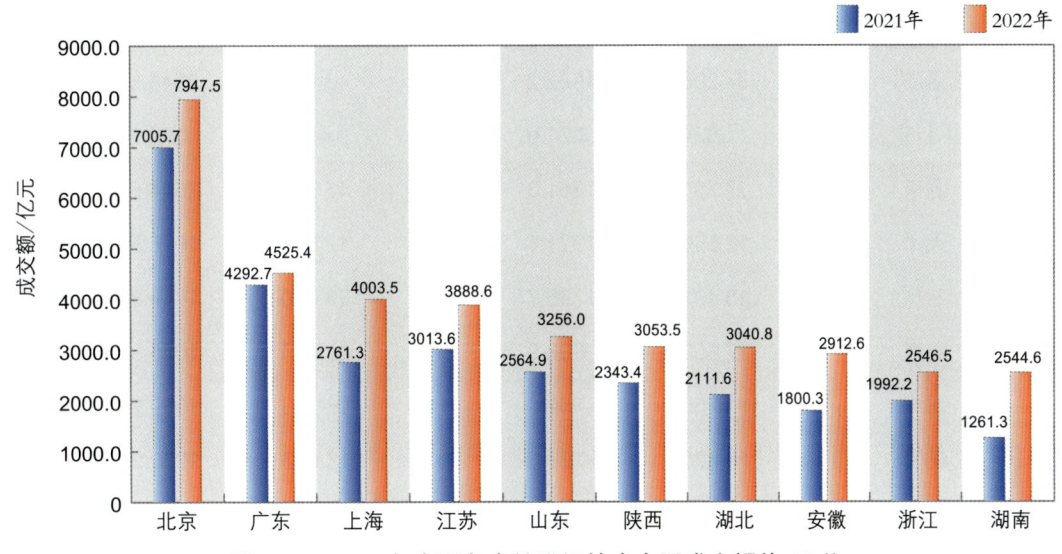

图 3-1　2022 年全国各省份登记技术合同成交额前 10 位

表 3-1　2021—2022 年全国技术合同认定登记情况

地区	2021年			2022年		
	合同数/项	成交额/亿元	排名	合同数/项	成交额/亿元	排名
北京	93 563	7005.7	1	95 061	7947.5	1
广东	49 261	4292.7	2	47 892	4525.4	2
其中：深圳	15 284	1627.1		14 685	1575.7	

续表

地区	2021 年			2022 年		
	合同数 / 项	成交额 / 亿元	排名	合同数 / 项	成交额 / 亿元	排名
上海	36 998	2761.3	4	38 265	4003.5	3
江苏	82 555	3013.6	3	87 353	3888.6	4
山东	48 271	2564.9	5	55 680	3256.0	5
其中：青岛	5579	320.1		6291	395.3	
陕西	68 951	2343.4	6	68 546	3053.5	6
湖北	54 513	2111.6	7	77 402	3040.8	7
安徽	23 797	1800.3	9	30 630	2912.6	8
浙江	37 208	1992.2	8	43 627	2546.5	9
其中：宁波	3824	321.6		4074	392.3	
湖南	17 721	1261.3	12	45 780	2544.6	10
天津	12 560	1321.8	11	12 514	1676.5	11
四川	18 497	1396.7	10	23 620	1649.8	12
河南	17 650	608.9	16	22 445	1025.3	13
河北	11 755	752.0	15	15 246	1009.7	14
辽宁	18 825	778.6	14	18 687	1000.2	15
其中：大连	8507	336.2		6754	427.3	
江西	6625	414.0	17	10 255	758.2	16
重庆	7266	310.9	19	6919	630.5	17
黑龙江	6960	352.9	18	6622	463.5	18
贵州	5592	289.3	20	8554	390.7	19
甘肃	10 177	280.4	21	13 241	338.6	20
福建	16 320	214.4	22	17 324	289.5	21
其中：厦门	7050	127.1		7271	134.2	
广西	6356	941.3	13	5047	227.4	22

第三部分　各地技术交易的情况

续表

地区	2021年			2022年		
	合同数/项	成交额/亿元	排名	合同数/项	成交额/亿元	排名
云南	4978	106.1	25	7514	219.2	23
山西	1424	134.5	23	1257	162.6	24
吉林	3777	108.2	24	2564	52.6	25
内蒙古	1534	46.1	26	1527	52.5	26
海南	1046	28.5	27	1991	36.4	27
宁夏	3127	25.2	28	3594	34.4	28
新疆	1822	21.3	29	2023	32.1	29
其中：新疆生产建设兵团	627	3.6		347	2.7	
青海	1275	14.1	30	1133	16.0	30
西藏	102	2.3	31	194	6.2	31
合计	670 506	37 294.3		772 507	47 791.0	

二、技术输出情况

1. 省（自治区、直辖市）输出技术

北京、广东、上海输出技术合同成交额领先全国。2022年，全国大部分省（自治区、直辖市）输出技术合同成交额稳步增长，北京、广东、上海共成交输出技术合同179 424项，占全国技术合同总成交项数的23.2%；成交额为15 785.7亿元，占全国技术合同成交总额的33.0%。

2022年，全国输出技术合同成交额排名前10位的省份依次为北京、广东、上海、山东、陕西、湖北、江苏、安徽、湖南和浙江，共成交输出技术合同586 764项，成交额为35 916.5亿元，分别占全国技术合同总成交项数和成交总额的76.0%和75.2%。上海由上年的第4位跻身成为第3位，安徽由上年的第9位上升至第8位（图3-2、表3 2、图3-3）。

2022年，输出技术合同成交额超1000亿元的省份由上年的12个增加至14个，分别为北京、广东、上海、山东、陕西、湖北、江苏、安徽、湖南、浙江、天津、四川、河南和河北。全国（除港澳台和国外）输出技术合同成交额平均增速为27.3%，湖南、重庆、云南、西藏增速超过100%，上海、安徽、江西、河南、新疆增速超过50%（附表5）。

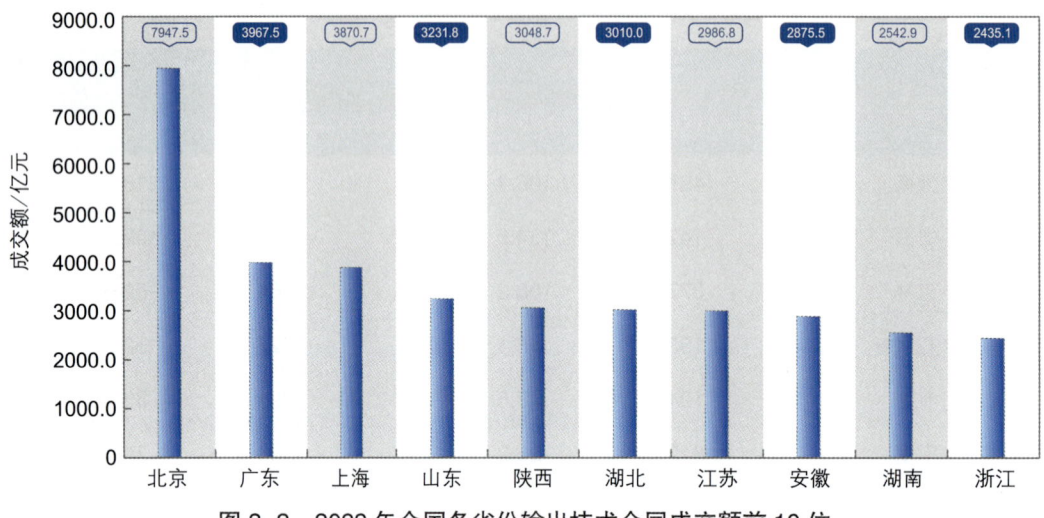

图 3-2　2022 年全国各省份输出技术合同成交额前 10 位

表 3-2　2022 年各地区技术交易流向情况

地区	输出技术			吸纳技术		
	合同数/项	成交额/亿元	排名	合同数/项	成交额/亿元	排名
北京	95 062	7947.5	1	69 630	4112.5	3
广东	46 494	3967.5	2	78 816	5354.2	1
上海	37 868	3870.7	3	37 926	1919.3	8
山东	55 481	3231.8	4	54 987	3371.7	4
陕西	68 537	3048.7	5	35 139	1591.1	10
湖北	76 995	3010.0	6	59 533	2298.1	7
江苏	86 649	2986.8	7	85 284	5125.3	2
安徽	30 552	2875.5	8	31 768	2669.6	6
湖南	45 770	2542.9	9	38 301	1676.3	9
浙江	43 356	2435.1	10	49 596	3111.5	5
天津	12 299	1650.9	11	10 627	783.4	16
四川	23 555	1643.5	12	25 753	1522.0	11

续表

地区	输出技术			吸纳技术		
	合同数/项	成交额/亿元	排名	合同数/项	成交额/亿元	排名
河南	22 415	1020.7	13	23 225	1066.5	13
河北	15 207	1003.8	14	17 666	1332.6	12
辽宁	18 410	971.3	15	17 510	747.0	17
江西	10 089	733.9	16	12 612	801.3	14
重庆	6880	559.5	17	8981	790.2	15
黑龙江	6616	460.2	18	8017	346.2	26
贵州	8553	390.7	19	10 775	515.9	25
甘肃	13 224	335.8	20	13 414	549.0	23
福建	17 129	259.5	21	18 882	698.9	20
广西	5007	227.0	22	8853	581.5	22
云南	7498	218.9	23	10 385	741.2	18
山西	1255	161.4	24	6021	536.3	24
内蒙古	1519	51.3	25	8839	682.0	21
吉林	2546	36.9	26	4571	187.4	28
宁夏	3592	34.0	27	5594	105.0	31
海南	1987	31.6	28	4639	275.5	27
新疆	2019	31.2	29	6050	707.8	19
青海	1133	16.0	30	2651	130.5	30
西藏	194	6.2	31	1215	182.4	29
港澳台	581	169.5		1494	493.0	
国外	4035	1860.3		3753	2785.6	
合计	772 507	47 791.0		772 507	47 791.0	

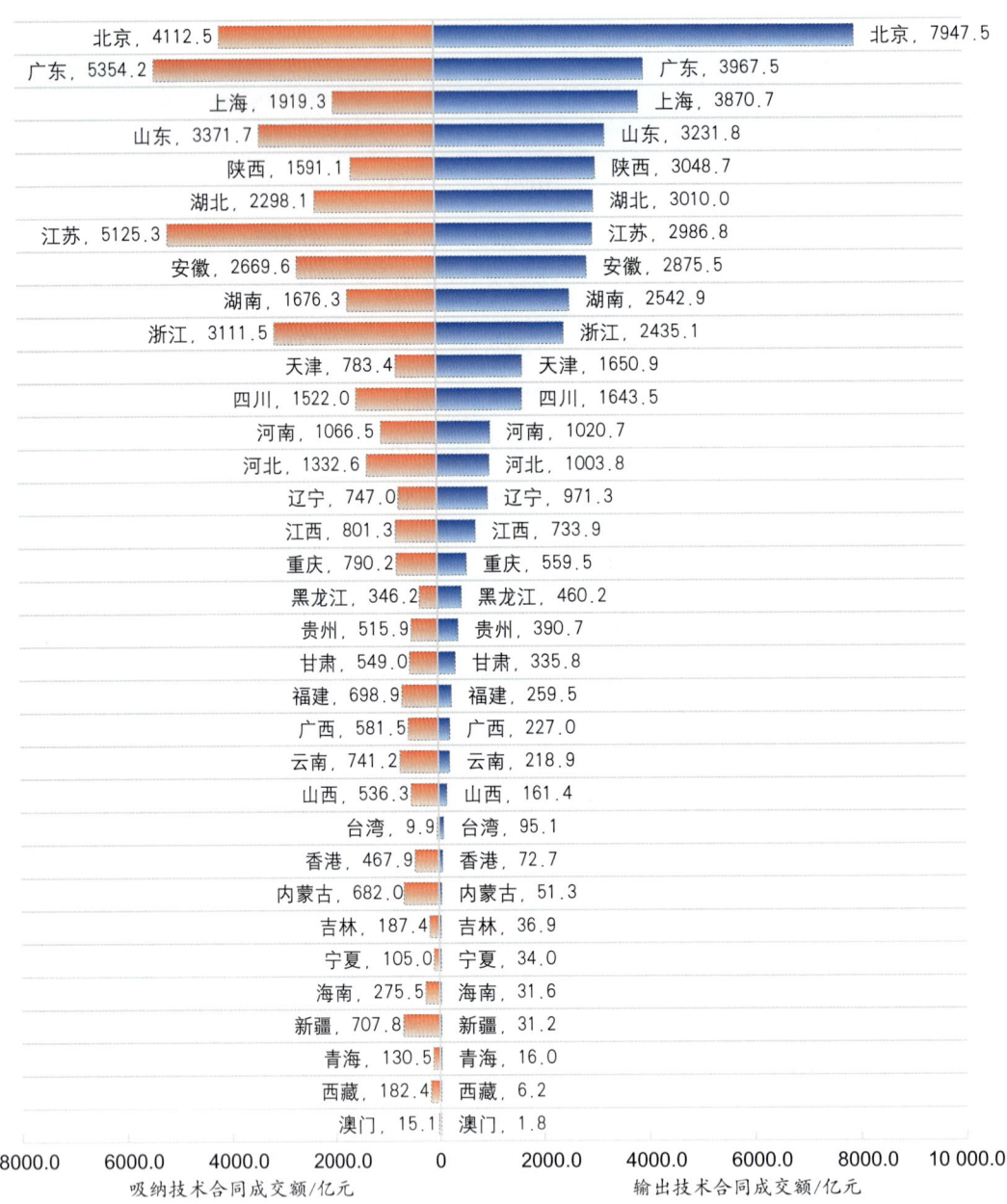

图 3-3 2022 年全国各地区输出、吸纳技术合同成交额对比

2. 计划单列市输出技术

深圳输出技术总量位居榜首。2022 年,深圳、大连、青岛、宁波、厦门 5 个计划单列市共输出技术合同 37 859 项,成交额为 2489.8 亿元,同比下降 4.5%。其中,深圳输出技术合同项

数和成交额均位居计划单列市之首，成交额同比下降 24.3%；大连输出技术合同成交额同比增长 25.8%，成交额排第 2 位（表 3-3、附表 5）。

表 3-3　2022 年计划单列市技术交易流向情况

计划单列市	输出技术			吸纳技术		
	合同数/项	成交额/亿元	排名	合同数/项	成交额/亿元	排名
深圳	14 033	1236.9	1	34 054	2053.3	1
大连	6509	407.3	2	5467	197.1	4
青岛	6255	388.0	3	6739	488.7	2
宁波	3971	345.0	4	6483	462.0	3
厦门	7091	112.7	5	5582	156.7	5
合计	37 859	2489.8		58 325	3357.9	

3. 副省级城市输出技术

西安输出技术总量居首位。2022年，10个副省级城市输出技术合同成交额总和为 11 084.4 亿元，同比增长 21.9%。其中，输出技术合同成交额居前 3 位的分别是西安、广州和成都，成交额分别为 2881.3 亿元、2474.8 亿元和 1458.1 亿元，增幅分别为 30.4%、5.8%、22.6%（表 3-4、附表 5）。

表 3-4　2022 年副省级城市技术交易流向情况

副省级城市	输出技术			吸纳技术		
	合同数/项	成交额/亿元	排名	合同数/项	成交额/亿元	排名
西安	64 430	2881.3	1	24 990	1019.4	3
广州	22 671	2474.8	2	21 393	1583.7	1
成都	17 697	1458.1	3	15 633	757.1	6
武汉	32 284	1360.5	4	20 601	766.9	5
南京	37 234	831.4	5	23 699	1019.9	2
杭州	17 252	691.7	6	19 073	956.7	4
济南	15 943	596.8	7	10 405	513.2	7
沈阳	8665	443.8	8	6875	246.4	8

续表

副省级城市	输出技术			吸纳技术		
	合同数/项	成交额/亿元	排名	合同数/项	成交额/亿元	排名
哈尔滨	4302	317.4	9	4580	196.8	9
长春	1884	28.6	10	3178	111.9	10
合计	222 362	11 084.4		150 427	7172.0	

三、技术吸纳情况

1. 省（自治区、直辖市）吸纳技术

广东、江苏和北京吸纳技术合同成交额居前 3 位。2022 年，吸纳技术合同成交额排名前 10 位的省份分别为广东、江苏、北京、山东、浙江、安徽、湖北、上海、湖南和陕西，共成交吸纳技术合同 540 980 项，占全国技术合同总成交项数的 70.0%；成交额为 31 229.9 亿元，占全国技术合同成交总额的 65.3%。其中，新疆吸纳技术合同成交额同比增长 168.6%，从上年的第 25 位上升至第 19 位（图 3–4、表 3–2）。

2022 年，吸纳技术合同成交额超过 1000 亿元的省份由上年的 12 个增加至 13 个，分别为广东、江苏、北京、山东、浙江、安徽、湖北、上海、湖南、陕西、四川、河北和河南。全国（除港澳台和国外）吸纳技术合同成交额平均增速为 27.7%。其中，内蒙古、江苏、湖南、重庆、青海和新疆吸纳技术合同成交额增速超过 50.0%（附表 6）。

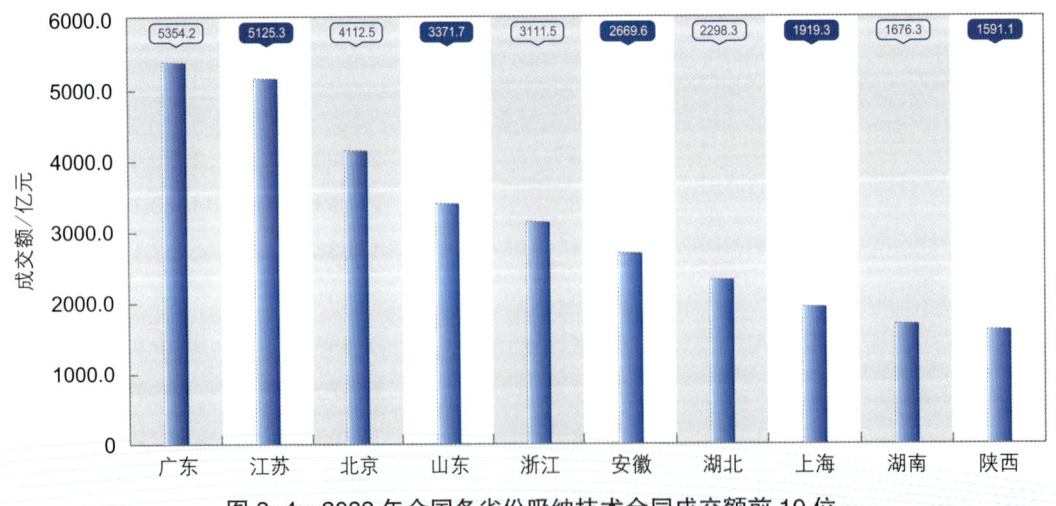

图 3–4　2022 年全国各省份吸纳技术合同成交额前 10 位

2. 计划单列市吸纳技术

深圳吸纳技术合同成交额居首位。2022年，5个计划单列市共吸纳技术合同58 325项，成交额为3357.9亿元，同比增长0.6%。其中，青岛、厦门吸纳技术合同成交额增幅较大，成交额分别为488.7亿元、56.7亿元，比上年分别增长57.4%、79.2%（表3-3）。

3. 副省级城市吸纳技术

广州吸纳技术合同成交额继续保持首位。2022年，10个副省级城市共吸纳技术合同150 427项，成交额为7172.0亿元。其中，广州吸纳技术合同成交额为1583.7亿元，南京、西安吸纳技术合同成交额首次挺进千亿元，分别为1019.9亿元、1019.4亿元。哈尔滨吸纳技术合同成交额同比增长62.3%，增速居副省级城市首位，成交额排名由上年的第10位上升至第9位；沈阳吸纳技术合同成交额为246.4亿元，同比增长52.3%；西安吸纳技术合同成交额为1019.4亿元，居副省级城市第3位；南京吸纳技术合同成交额为1019.9亿元，同比增长27.8%，成交额排名由上年的第3位上升至第2位（表3-4）。

（执笔人：王博宇、孙启新）

第四部分　区域技术交易

境内区域技术交易持续活跃,输出和吸纳技术合同成交额全部呈上升态势。东部地区技术辐射扩散能力继续领跑全国,输出和吸纳技术合同成交额分别占全国技术合同成交总额的57.3%和54.6%。中部地区输出和吸纳技术交易增长势头依然强劲,输出和吸纳技术合同成交额增幅分别达64.4%和44.2%。西部地区增长势头较上年明显放缓,输出和吸纳技术合同成交额增速分别下降31.1个百分点和45.4个百分点。跨国技术交易中,国外地区向中国输出技术合同成交额1860.3亿元,增幅达45.8%,国外地区吸纳中国技术合同成交额2785.6亿元,同比增长30.4%(表4-1)。

表4-1　2022年区域技术交易流向情况

地区	输出技术				吸纳技术			
	合同数/项	成交额/亿元	增长	占比	合同数/项	成交额/亿元	增长	占比
东部地区	411 532	27 385.2	20.0%	57.3%	428 053	26 085.0	27.2%	54.6%
中部地区	187 076	10 344.4	64.4%	21.6%	171 460	9048.2	44.2%	18.9%
西部地区	141 711	6563.0	16.5%	13.7%	137 649	8098.6	14.2%	16.9%
东北地区	27 572	1468.5	21.0%	3.1%	30 098	1280.5	31.7%	2.7%
京津冀地区	122 568	10 602.2	17.7%	22.2%	97 923	6228.5	19.9%	13.0%
长三角地区	198 425	12 168.0	38.3%	25.5%	204 574	12 825.7	55.4%	26.8%
粤港澳大湾区	45 174	3991.2	-3.2%	8.4%	75 412	5327.9	-2.4%	11.1%
成渝地区	24 577	2017.5	46.8%	4.2%	24 614	1547.3	30.9%	3.2%
国外地区	4035	1860.3	45.8%	3.9%	3753	2785.6	30.4%	5.8%

一、经济地带技术交易情况

(一)东部地区

东部地区技术交易再创新高。2022年,东部地区输出技术合同411 532项,成交额为27 385.2亿元,同比增长20.0%,占全国技术合同成交总额的57.3%;吸纳技术合同428 053项,成交额为 26 085.0 亿元，同比增长 27.2%，占全国技术合同成交总额的 54.6%。北京是东部地区最大的技术交易输出地，输出技术合同成交额占东部地区输出技术合同成交额的 29.0%；广东是东部地区最大的技术交易吸纳地，吸纳技术合同成交额占东部地区吸纳技术合同成交额的 20.5%；上海输出技术合同成交额为 3870.7 亿元，增幅高达 52.1%，成交额排名由上年的第 4 位上升至第 3 位；江苏吸纳技术合同成交额为 5125.3 亿元，增幅高达 82.3%，成交额排名由上年的第 3 位上升至第 2 位；浙江吸纳技术合同成交额增速明显，同比增长 45.7%；天津吸纳技术合同成交额增长率由负转正，同比增长 30.7%（表 4-2）。

表 4-2　2022 年东部地区技术交易流向情况

省份	输出技术				吸纳技术			
	合同数/项	成交额/亿元	增长	排名	合同数/项	成交额/亿元	增长	排名
北京	95 062	7947.5	13.4%	1	69 630	4112.5	19.6%	3
广东	46 494	3967.5	-3.2%	2	78 816	5354.2	-2.5%	1
上海	37 868	3870.7	52.1%	3	37 926	1919.3	35.0%	6
山东	55 481	3231.8	30.4%	4	54 987	3371.7	31.5%	4
江苏	86 649	2986.8	14.6%	5	85 284	5125.3	82.3%	2
浙江	43 356	2435.1	31.2%	6	49 596	3111.5	45.7%	5
天津	12 299	1650.9	31.4%	7	10 627	783.4	30.7%	8
河北	15 207	1003.8	34.3%	8	17 666	1332.6	15.5%	7
福建	17 129	259.5	31.9%	9	18 882	698.9	10.9%	9
海南	1987	31.6	11.0%	10	4639	275.5	5.6%	10
合计	411 532	27 385.2	20.0%		428 053	26 085.0	27.2%	

（二）中部地区

中部地区输出和吸纳双向技术交易增速明显。2022 年，中部地区输出技术合同 187 076 项，成交额为 10 344.4 亿元，同比增长 64.4%，占全国技术合同成交总额的 21.6%；吸纳技术合同 171 460 项，成交额为 9048.2 亿元，同比增长 44.2%，占全国技术合同成交总额的 18.9%。湖北输出技术合同成交项数、成交额继续领跑中部地区；湖南输出技术合同成交额成倍增长，同比增长101.6%；安徽吸纳技术合同成交额为2669.6亿元，继续位列中部地区之首，同比增长41.9%；湖南吸纳技术合同成交额同比增长81.8%，增速位列中部地区第一（表4–3）。

表4–3　2022年中部地区技术交易流向情况

省份	输出技术				吸纳技术			
	合同数/项	成交额/亿元	增长	排名	合同数/项	成交额/亿元	增长	排名
湖北	76 995	3010.0	44.0%	1	59 533	2298.3	43.6%	2
安徽	30 552	2875.5	60.8%	2	31 768	2669.6	41.9%	1
湖南	45 770	2542.9	101.6%	3	38 301	1676.3	81.8%	3
河南	22 415	1020.7	68.1%	4	23 225	1066.5	36.2%	4
江西	10 089	733.9	79.3%	5	12 612	801.3	34.4%	5
山西	1255	161.4	20.0%	6	6021	536.3	9.6%	6
合计	187 076	10 344.4	64.4%		171 460	9048.2	44.2%	

（三）西部地区

西部地区吸纳技术合同成交额高于输出技术合同成交额。2022年，西部地区输出技术合同141 711项，成交额为6563.0亿元，同比增长16.5%，占全国技术合同成交总额的13.7%；吸纳技术合同137 649项，成交额为8098.6亿元，同比增长14.2%，占全国技术合同成交总额的16.9%。西部地区输出和吸纳技术合同成交额继续保持增长态势，但增速均有所放缓。陕西、四川输出和吸纳技术合同成交额在西部地区具有绝对优势，两省输出和吸纳技术合同成交额分别为4692.3亿元和3113.1亿元，在西部地区占比分别为71.5%和38.4%；重庆双向技术交易增长尤为显著，输出和吸纳技术合同成交额增速分别为203.2%和52.5%，成交额排名均由上年的第6位上升至第3位；新疆吸纳技术合同成交额增速表现突出，高达168.6%，列西部地区首位；广西双向技术交易皆为负增长；贵州、西藏吸纳技术合同成交额呈负增长（表4–4）。

表 4-4 2022 年西部地区技术交易流向情况

省份	输出技术				吸纳技术			
	合同数/项	成交额/亿元	增长	排名	合同数/项	成交额/亿元	增长	排名
陕西	68 537	3048.7	30.1%	1	35 139	1591.1	17.2%	1
四川	23 555	1643.5	18.4%	2	25 753	1522.0	20.4%	2
重庆	6880	559.5	203.2%	3	8981	790.2	52.5%	3
贵州	8553	390.7	35.1%	4	10 775	515.9	−14.0%	9
甘肃	13 224	335.8	19.8%	5	13 414	549.0	47.7%	8
广西	5007	227.0	−75.9%	6	8853	581.5	−53.6%	7
云南	7498	218.9	106.4%	7	10 385	741.2	5.8%	4
内蒙古	1519	51.3	24.7%	8	8839	682.0	81.0%	6
宁夏	3592	34.0	35.7%	9	5594	105.0	0.8%	12
新疆	2019	31.2	65.4%	10	6050	707.8	168.6%	5
青海	1133	16.0	13.7%	11	2651	130.5	56.9%	11
西藏	194	6.2	259.9%	12	1215	182.4	−8.3%	10
合计	141 711	6563.0	16.5%		137 649	8098.6	14.2%	

（四）东北地区

东北地区输出和吸纳技术合同成交额均有所上涨，扭转了上一年的负增长态势。2022 年，东北地区输出技术合同 27 572 项，成交额为 1468.5 亿元，同比增长 21.0%，占全国技术合同成交总额的 3.1%；吸纳技术合同 30 098 项，成交额为 1200.5 亿元，同比增长 31.7%，占全国技术合同成交总额的 2.7%。辽宁输出和吸纳技术合同成交额继续居东三省首位，分别为 971.3 亿元和 747.0 亿元；黑龙江双向技术合同成交额增速较快，输出和吸纳技术合同成交额分别同比增长 31.4% 和 42.5%；吉林输出和吸纳技术合同成交额较上年降幅收窄（表 4-5）。

表 4-5　2022 年东北地区技术交易流向情况

省份	输出技术				吸纳技术			
	合同数/项	成交额/亿元	增长	排名	合同数/项	成交额/亿元	增长	排名
辽宁	18 410	971.3	28.6%	1	17 510	747.0	46.2%	1
黑龙江	6616	460.2	31.4%	2	8017	346.2	42.5%	2
吉林	2546	36.9	−65.8%	3	4571	187.4	−14.2%	3
合计	27 572	1468.5	21.0%		30 098	1280.5	31.7%	

二、城市群技术交易情况

（一）京津冀地区

京津冀地区输出技术合同成交额明显高于吸纳技术合同成交额。2022 年，京津冀地区输出技术合同 122 568 项，成交额为 10 602.2 亿元，同比增长 17.7%，占全国技术合同成交总额的 22.2%；吸纳技术合同 97 923 项，成交额为 6228.5 亿元，同比增长 19.9%，占全国技术合同成交总额的 13.0%。北京输出和吸纳技术合同成交额分别位居全国第一和第三，分别占全国输出和吸纳技术合同总成交额的 16.6% 和 8.6%（表 4-6）。

表 4-6　2022 年京津冀地区技术交易流向情况

省份	输出技术				吸纳技术			
	合同数/项	成交额/亿元	增长	排名	合同数/项	成交额/亿元	增长	排名
北京	95 062	7947.5	13.4%	1	69 630	4112.5	19.6%	1
天津	12 299	1650.9	31.4%	2	10 627	783.4	30.7%	3
河北	15 207	1003.8	34.3%	3	17 666	1332.6	15.5%	2
总计	122 568	10 602.2	17.7%		97 923	6228.5	19.9%	

（二）长三角地区

长三角地区技术交易发展优势显著。2022年，长三角地区输出技术合同198 425项，成交额为12 168.0亿元，同比增长38.3%，占全国技术合同成交总额的25.5%；吸纳技术合同204 574项，成交额为12 825.7亿元，同比增长55.4%，占全国技术合同成交总额的26.8%。上海输出技术合同成交额、江苏吸纳技术合同成交额分别居长三角地区首位；安徽输出技术合同成交额增速显著，同比增长60.8%，成交额排名由上年的第4位上升至第3位（表4-7）。

表4-7　2022年长三角地区技术交易流向情况

省份	输出技术				吸纳技术			
	合同数/项	成交额/亿元	增长	排名	合同数/项	成交额/亿元	增长	排名
上海	37 868	3870.7	52.1%	1	37 926	1919.3	35.0%	4
江苏	86 649	2986.8	14.6%	2	85 284	5125.3	82.3%	1
安徽	30 552	2875.5	60.8%	3	31 768	2669.6	41.9%	3
浙江	43 356	2435.1	31.2%	4	49 596	3111.5	45.7%	2
总计	198 425	12 168.0	38.3%		204 574	12 825.7	55.4%	

（三）粤港澳大湾区

粤港澳大湾区技术交易整体有所下滑，区域内部分化明显。2022年，粤港澳大湾区输出技术合同45 174项，成交额为3991.2亿元，同比下降3.2%，占全国技术合同成交总额的8.4%；吸纳技术合同75 412项，成交额为5327.9亿元，同比下降2.4%，占全国技术合同成交总额的11.1%。广州和深圳双向技术合同成交额相较其他地区具有绝对优势，广州输出技术合同成交额、深圳吸纳技术合同成交额均超过2000亿元，广州、香港、澳门双向技术合同成交额均保持增长态势，其余城市输出或吸纳技术合同成交额出现不同程度的负增长态势。整体来看，除广州以外，粤港澳大湾区各地吸纳技术合同成交额明显高于输出技术合同成交额（表4-8）。

表 4-8　2022 年粤港澳大湾区技术交易流向情况

地区	输出技术				吸纳技术			
	合同数/项	成交额/亿元	增长	排名	合同数/项	成交额/亿元	增长	排名
广州	22 671	2474.8	5.8%	1	21 393	1583.7	9.5%	2
深圳	14 033	1236.9	−24.3%	2	34 054	2053.3	−17.5%	1
珠海	630	81.0	73.7%	3	1933	184.2	−12.6%	6
香港	267	72.7	136.4%	4	1317	467.9	67.2%	4
东莞	347	48.8	272.0%	5	5404	497.1	−1.0%	3
佛山	4915	19.1	−4.6%	6	6503	105.4	−32.1%	7
中山	483	18.2	−11.3%	7	1293	240.5	185.7%	5
惠州	718	16.5	61.5%	8	1487	89.7	−5.3%	8
江门	889	14.5	177.5%	9	1383	58.4	−53.4%	9
肇庆	188	6.9	34.9%	10	580	32.6	−53.0%	10
澳门	33	1.8	612.0%	11	65	15.1	362.1%	11
总计	45 174	3991.2	−3.2%		75 412	5327.9	−2.4%	

（四）成渝地区

成渝地区双向技术合同成交额均呈稳步增长态势。2022 年，成渝地区输出技术合同 24 577 项，成交额为 2017.5 亿元，同比增长 46.8%，占全国技术合同成交总额的 4.2%；吸纳技术合同 24 614 项，成交额为 1547.3 亿元，同比增长 30.9%，占全国技术合同成交总额的 3.2%。成都为技术合同净输出地区，重庆为技术合同净吸纳地区；重庆输出技术合同成交额倍增，增速高达 203.2%（表 4-9）。

表 4-9　2022 年成渝地区技术交易流向情况

地区	输出技术				吸纳技术			
	合同数/项	成交额/亿元	增长	排名	合同数/项	成交额/亿元	增长	排名
成都	17 697	1458.1	22.6%	1	15 633	757.1	14.0%	2
重庆	6880	559.5	203.2%	2	8981	790.2	52.5%	1
总计	24 577	2017.5	46.8%		24 614	1547.3	30.9%	

三、国外技术交易情况[①]

（一）总体趋势

中国向国外输出技术交易保持稳定增长态势。据全国技术市场合同认定登记统计，2022年中国输出到国外的技术合同3753项，成交额为2785.6亿元，同比增长30.4%，占全国技术合同成交总额的5.8%；近10年，中国向国外输出技术合同成交额呈波动上涨趋势，2020年在达到历史峰值后出现轻微负增长，2022年以较高增长率重回上升通道。2022年我国吸纳国外技术交易数量增加，吸纳国外技术合同4035项，成交额为1860.3亿元，同比分别增长19.6%和45.8%（表4-10、图4-1）。

表4-10　2013—2022年中国向国外输出技术情况

年份	输出技术	
	合同数/项	成交额/亿元
2013	3941	992.8
2014	4150	1069.0
2015	4117	1699.2
2016	3890	1548.3
2017	3478	1416.0
2018	4155	1451.7
2019	4518	1898.0
2020	4121	2192.2
2021	4199	2135.7
2022	3753	2785.0

[①] 数据来源于"全国技术合同管理与服务系统"认定登记的技术合同。

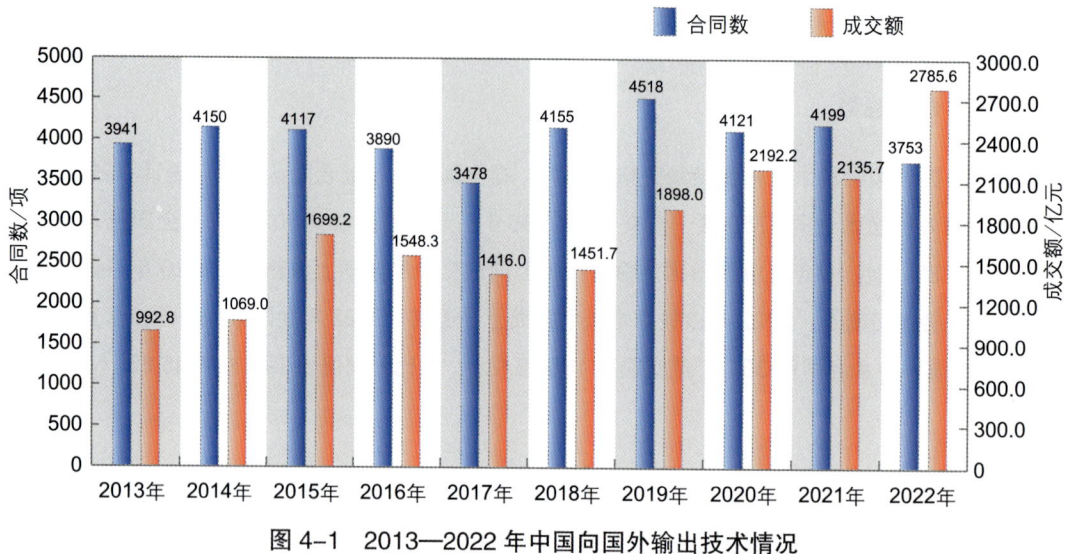

图 4-1　2013—2022 年中国向国外输出技术情况

（二）输出技术情况

1. 中国输出国外技术合同主要集中在欧洲、亚洲和北美洲

2022 年，中国输出国外技术合同成交额居首位的是美国，输出技术合同 912 项，成交额为 788.0 亿元，同比增长 12.8%，输出到新加坡、韩国、哈萨克斯坦的技术合同成交额均超过 100 亿元（表 4-11）。

表 4-11　2022 年中国输出国外技术合同流向情况

国家	合同数/项	成交额/亿元	排名
美国	912	788.0	1
新加坡	219	216.4	2
韩国	160	143.6	3
哈萨克斯坦	4	124.3	4
英国	138	92.9	5
印度尼西亚	60	88.8	6
土耳其	19	77.0	7
印度	77	70.4	8

续表

国家	合同数/项	成交额/亿元	排名
越南	39	66.9	9
塞内加尔	3	66.7	10
肯尼亚	8	66.2	11
瑞士	48	60.9	12
德国	85	56.4	13
马其顿	2	53.0	14
安哥拉	14	49.5	15
白俄罗斯	1	42.9	16
日本	764	41.2	17
法国	50	36.5	18
几内亚	5	35.3	19
沙特阿拉伯	11	34.8	20
其他国家	1134	574.2	
合计	3753	2785.6	

2. 中国输出国外技术合同主要集中在电子信息领域

2022年，电子信息领域输出国外技术合同1725项，成交额为783.3亿元，同比增长31.5%，占输出国外技术合同成交额的28.1%。电子信息技术成交额排名前3位的国家是美国、新加坡、韩国，成交额分别为205.5亿元、140.0亿元、89.0亿元。现代交通、环境保护与资源综合利用等领域增长势头强劲，输出国外技术合同成交额同比增长均超过了100%。先进制造、城市建设与社会发展等领域输出国外技术交易也相对活跃。其中，先进制造领域输出国外技术合同成交额排名前3位的国家是美国、越南、日本，成交额分别为302.7亿元、32.2亿元、14.8亿元；城市建设与社会发展领域输出国外技术合同成交额排名前3位的国家是哈萨克斯坦、白俄罗斯、美国，成交额分别为123.2亿元、42.9亿元、23.5亿元；现代交通领域输出国外技术合同成交额排名前3位的国家是塞内加尔、肯尼亚、马其顿，成交额分别为66.7亿元、66.0亿元、53.0亿元；环境保护与资源综合利用领域输出国外技术合同成交额排名前3位的国家是新加坡、沙特阿拉伯、印度尼西亚，成交额分别为34.0亿元、32.7亿元、22.2亿元（表4-12、图4-2）。

表 4-12 2022 年中国输出国外技术合同领域构成

技术领域	输出技术			
	合同数 / 项	成交额 / 亿元	增长	占比
电子信息	1725	783.3	31.5%	28.1%
现代交通	169	536.7	147.9%	19.3%
先进制造	514	429.9	22.4%	15.4%
生物、医药和医疗器械	647	287.9	−0.8%	10.3%
城市建设与社会发展	119	262.1	13.9%	9.4%
环境保护与资源综合利用	174	214.0	131.8%	7.7%
新能源与高效节能	150	194.5	3.5%	7.0%
航空航天	16	40.4	−54.9%	1.4%
新材料及其应用	170	29.4	−57.7%	1.1%
农业	69	7.4	−42.7%	0.3%
核应用	0	0	—	—
合计	3753	2785.6	30.4%	100.0%

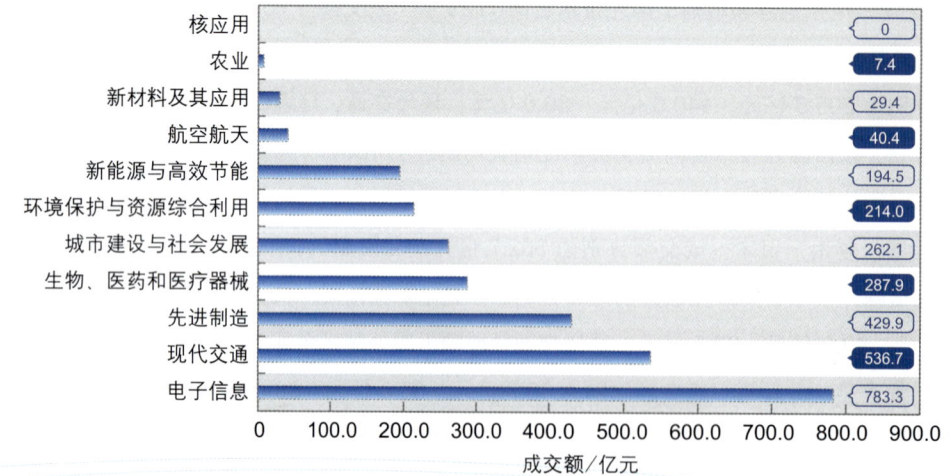

图 4-2 2022 年中国输出国外技术合同领域构成

第四部分　区域技术交易

3. 中国输出国外技术合同中技术服务为主要交易方式

2022年，输出国外技术服务合同1477项，成交额为1511.7亿元，同比增长53.1%，占输出国外技术合同成交额的54.3%。中国向国外输出的技术咨询合同成交额较上年有所下降，成交额为25.0亿元，同比下降14.4%（表4–13）。

表4-13　2022年中国输出国外技术合同类别构成

合同类别	输出技术			
	合同数/项	成交额/亿元	增长	占比
技术开发	1941	856.8	5.4%	30.8%
技术服务	1477	1511.7	53.1%	54.3%
技术转让	208	390.9	27.6%	14.0%
技术咨询	116	25.0	−14.4%	0.9%
技术许可	11	1.1	—	0.0%
合计	3753	2785.6	30.4%	100.0%

（三）吸纳技术情况

1. 中国吸纳国外技术合同主要集中在欧洲、亚洲

2022年，吸纳日本技术合同成交额最多，吸纳技术合同1504项，成交额为377.2亿元，同比分别增长21.9%和58.0%，吸纳德国、美国、韩国、英国、瑞士的技术合同成交额均超过100亿元（表4–14）。

表4-14　2022年中国吸纳国外技术合同来源情况

国家	合同数/项	成交额/亿元	排名
日本	1504	377.2	1
德国	295	332.6	2
美国	752	315.4	3

续表

国家	合同数 / 项	成交额 / 亿元	排名
韩国	236	214.7	4
英国	147	109.8	5
瑞士	84	101.5	6
法国	135	45.8	7
比利时	63	41.4	8
瑞典	53	40.6	9
俄罗斯	18	32	10
挪威	13	31.1	11
加拿大	41	30.3	12
芬兰	16	27.7	13
以色列	39	25.7	14
荷兰	60	19.6	15
意大利	70	19.3	16
新加坡	83	16.3	17
爱尔兰	57	13.1	18
印度	49	9.7	19
乌克兰	7	9.6	20
其他国家	313	46.9	
合计	4035	1860.3	

2. 中国吸纳国外技术合同主要集中在先进制造、电子信息等高科技领域

2022 年，吸纳国外先进制造领域技术合同 1769 项，成交额为 814.0 亿元，同比增长 30.4%，占吸纳国外技术合同成交额的 43.8%；吸纳国外电子信息领域技术合同 1069 项，成交额为 476.9 亿元，同比增长 178.5%，占吸纳国外技术合同成交额的 25.6%。吸纳国外技术合同成交额超过 100 亿元的还有新材料及其应用、新能源与高效节能领域。增速最显著的是航空航天领域，成交额增长了 10 倍以上，其次是城市建设与社会发展领域，成交额增长了 5 倍以上（表 4–15、图 4–3）。

表 4-15 2022 年中国吸纳国外技术合同领域构成

技术领域	吸纳技术			
	合同数/项	成交额/亿元	增长	占比
电子信息	1069	476.9	178.5%	25.6%
航空航天	13	18.1	1008.9%	1.0%
先进制造	1769	814.0	30.4%	43.8%
生物、医药和医疗器械	322	96.1	−42.0%	5.2%
新材料及其应用	363	272.1	30.3%	14.6%
新能源与高效节能	245	141.1	88.5%	7.6%
环境保护与资源综合利用	46	9.3	164.2%	0.5%
核应用	4	7.2	246.5%	0.4%
农业	53	9.3	130.7%	0.5%
现代交通	76	6.0	−67.6%	0.3%
城市建设与社会发展	75	10.1	510.4%	0.5%
合计	4035	1860.3	45.8%	100.0%

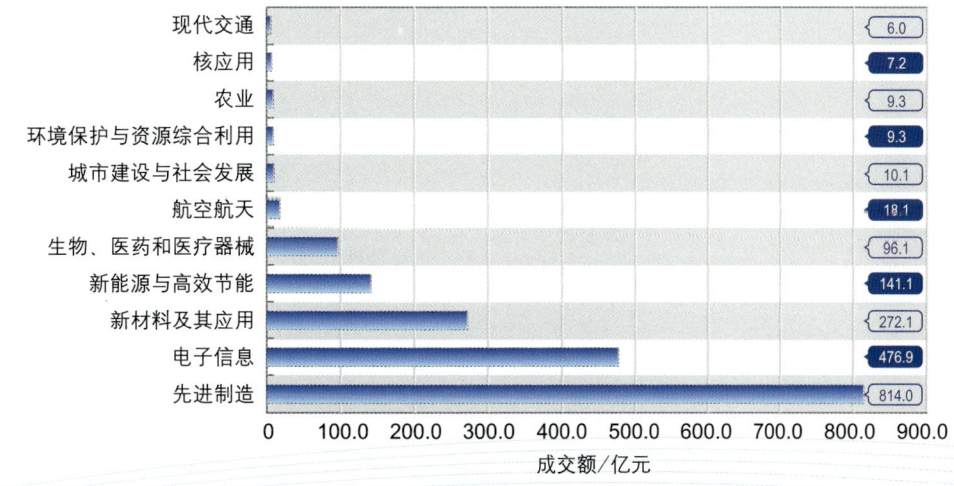

图 4-3 2022 年中国吸纳国外技术合同领域构成

3. 中国吸纳国外技术合同中以技术转让方式为主

2022 年，吸纳国外技术转让合同 2131 项，成交额为 1300.4 亿元，同比增长 35.7%，占吸纳国外技术合同成交额的 69.9%。吸纳国外技术服务合同呈增长态势，成交额达到 53.3 亿元，比上年增长 108.5%（表 4-16）。

表 4-16 2022 年中国吸纳国外技术合同类别构成

合同类别	吸纳技术			
	合同数/项	成交额/亿元	增长	占比
技术开发	1323	469.9	78.8%	25.3%
技术服务	288	53.3	108.5%	2.9%
技术转让	2131	1300.4	35.7%	69.9%
技术咨询	101	8.4	−78.0%	0.5%
技术许可	192	28.3	—	1.5%
合计	4035	1860.3	45.8%	100.0%

（执笔人：党琳、魏颖）

第五部分　技术交易机构

一、技术（产权）交易机构

2022年，中共中央、国务院发布《中共中央　国务院关于加快建设全国统一大市场的意见》，明确指出建设全国统一大市场是构建新发展格局的基础支撑和内在要求，要加快培育统一的技术和数据市场。通过统一大市场需求引导创新资源有效配置，促进创新要素在更大范围内有序流动和合理集聚，支持科技创新及相关产业业态发展，推动大额科技成果转化应用，提升产业链供应链现代化水平。技术（产权）交易机构是以企业和产业需求为导向，整合创新要素和创新资源，提供技术孵化、技术转让、技术咨询、技术评估、技术投融资、技术产权交易、知识产权运营及技术信息平台等专业性和综合性服务的机构，是技术转移服务体系的重要组成部分。近年，技术（产权）交易机构依托政府、企业等，联合各类专业服务机构组成跨区域、跨行业的科技服务平台，促进技术、需求、资本、人才、服务、政策等创新要素资源有效流动，为加快科技成果转化和产业化发挥重要作用。根据调查统计数据，全国26家重点技术（产权）交易机构共有从业人员1139人；2022年共促成技术交易6632项，成交额为526.6亿元，占全国技术合同成交总额的1.1%；开展1008次技术推广和交易活动，组织技术转移相关培训17 092人次（表5-1）；服务企业13 000多家，解决企业技术需求3万多项。

（一）技术交易所

据对中国技术交易所有限公司、上海技术交易所等15家技术交易所（中心）的统计，2022年共促成技术交易3237项，成交额为291.7亿元。其中，湖北技术交易所促成的技术合同项目成交额达到90.5亿元，比上年增长30.6%（表5-1）。

（二）技术产权交易所

据对北京产权交易所有限公司、西南联合产权交易所有限责任公司等11家技术产权交易所（中心）的统计，2022年共促成技术交易3395项，成交额为234.9亿元。其中，北京产权交易所有限公司的技术合同项目成交额为97.1亿元，占技术产权交易所技术交易总成交额的41.3%（表5-1）。

表 5-1　2022 年全国重点技术（产权）交易机构情况

技术（产权）交易机构名称	成交技术合同项目/项	成交额/亿元					开展技术推广和交易活动/次	组织培训/人次	从业人员/人
		总金额	其中：促成战略性新兴产业技术成交金额	其中：促成公共财政投入计划项目成交金额	其中：促成国际技术转移项目成交金额	其中：促成大额技术转移项目成交金额			
上海技术交易所	835	101.3	101.3	11.2	0.0	0.0	70	195	115
湖北技术交易所	417	90.5	18.1	29.1	0.0	86.9	66	6000	33
西安技术市场	328	26.7	0.0	0.0	0.0	0.0	12	6	7
北海技术市场	51	21.4	7.5	0.0	4.6	21.4	0	0	20
潍坊高新技术产业开发区技术交易服务中心	479	17.8	10.6	4.2	0.0	12.7	6	300	48
中国技术交易所有限公司	71	7.6	7.6	7.6	0.0	7.1	18	800	70
中国钢研科技集团公司市场部	108	4.5	1.4	3.1	0.0	0.0	5	0	28
青岛市技术市场服务中心	145	4.5	1.1	1.1	2.4	2.3	145	513	15
咸阳市技术市场	266	2.8	0.4	0.4	0.0	2.3	237	412	27
济宁市技术市场	54	0.6	0.2	0.2	0.0	0.2	28	255	11
新疆生产建设兵团常设技术市场	12	0.3	0.1	0.0	0.0	0.2	3	215	16
福州技术市场有限公司	46	0.1	0.0	0.0	0.0	0.0	8	465	10
西安科技大市场有限公司	12	0.1	0.0	0.0	0.0	0.0	6	580	20
北京软件和信息服务交易所有限公司	34	0.0	0.0	0.0	0.0	0.0	5	17	62

第五部分　技术交易机构

续表

技术（产权）交易机构名称	成交技术合同项目/项	成交额/亿元					开展技术推广和交易活动/次	组织培训/人次	从业人员/人
		总金额	其中：促成战略性新兴产业技术成交金额	其中：促成公共财政投入计划项目成交金额	其中：促成国际技术转移项目成交金额	其中：促成大额技术转移项目成交金额			
忻州市科学技术市场	379	13.7	0.1	0.1	0.0	0.0	1	150	5
小计（15家）	3237	291.7	148.3	56.9	7.0	133.1	610	9908	487
北京产权交易所有限公司	252	97.1	67.2	0.0	0.1	94.1	48	3200	256
西南联合产权交易所有限责任公司	461	49.2	49.2	0.0	0.0	45.1	225	236	93
西安技术产权交易所有限公司	600	27.0	0.0	27.0	0.0	0.0	0	20	20
湖南省技术产权交易所	318	26.0	1.3	5.2	1.9	9.5	4	354	17
鲁南技术产权交易中心	1078	22.1	16.8	0.6	0.0	4.8	87	778	20
广州产权交易所广州技术产权交易中心	181	7.6	7.6	0.0	0.0	0.0	0	420	4
长沙技术产权交易所有限公司	432	5.7	5.4	0.2	0.0	1.5	3	101	10
哈尔滨国际技术产权交易中心	29	0.1	0.0	0.0	0.0	0.0	20	1000	18
长春技术产权交易中心	19	0.1	0.0	0.0	0.0	0.0	7	1025	58
福建省高新技术产权交易所有限公司	25	0.0	0.0	0.0	0.0	0.0	4	50	9
深圳联合产权交易所股份有限公司	0	0.0	0.0	0.0	0.0	0.0	0	0	147
小计（11家）	3395	234.9	147.5	33.0	2.0	154.9	398	7184	652
合计	6632	526.6	295.8	89.9	9.0	288.0	1008	17 092	1139

二、国家技术转移机构

技术转移机构是以企业为主体、市场为导向、产学研相结合的技术创新体系的重要组成部分，是促进知识流动和技术转移的关键环节。自2008年首次设立国家技术转移机构以来，各地不断加强技术转移转化政策引领与管理服务，搭建技术转移平台，已培育一批信誉良好、行为规范、综合服务能力强、示范带动效益显著的技术转移机构。这些机构为促进技术经纪、技术集成、技术评价和技术投融资管理服务，加快技术供给和需求对接，加快成果转化发挥重要作用，目前全国共有国家技术转移机构420家（附表15）。

2022年，据对385家提供有效数据的国家技术转移机构的统计，国家技术转移机构持续推动技术创新、成果转化，全年促成技术转移项目14.6万项，促成金额为2004.9亿元，同比增长10.3%[①]。

（一）法人类型

385家国家技术转移机构中，按照法人类型区分，独立法人机构288家，占比为74.8%，其中，企业法人机构187家，占比为48.6%，事业法人机构91家，占比为23.6%，社团法人机构2家，民办非企业法人机构8家；内设法人机构97家，占比为25.2%（图5-1）。

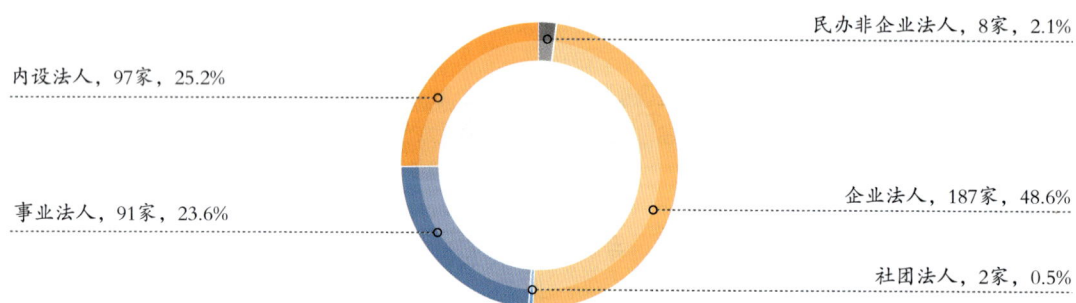

图5-1 国家技术转移机构按法人类型划分

（二）机构类型

385家国家技术转移机构中，按机构类型统计，依托高等院校的技术转移机构84家，依托科研院所的技术转移机构32家，政府所属的技术转移机构219家，独立第三方市场化运作的技

---

① 本文数据来源于提供有效数据的385家国家技术转移机构。

术转移机构 42 家，技术（产权）交易机构 8 家。其中，政府所属的技术转移机构数量占比达到 56.9%，依托高等院校、科研院所的技术转移机构数量占比为 30.1%，两者（政府、高校院所）数量占比达到近九成，在推动技术转移、成果转化中发挥主导作用（图 5-2）。

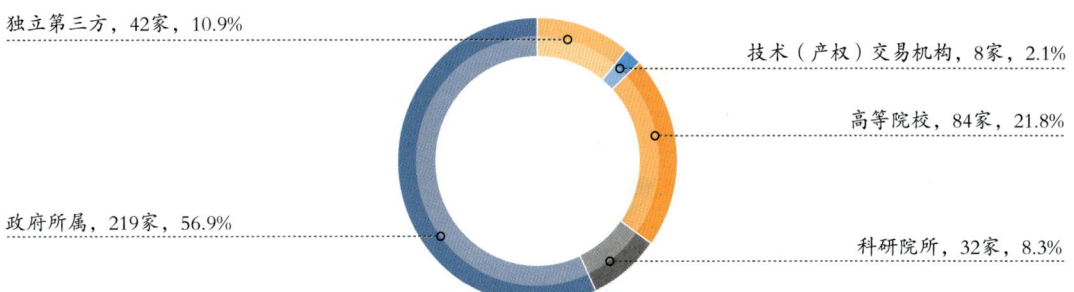

图 5-2　国家技术转移机构按机构类型划分

（三）地域分布

经过十多年的发展，除海南、宁夏、西藏外，国家技术转移机构覆盖全国 28 个省（自治区、直辖市）、新疆生产建设兵团和 5 个计划单列市。其中，北京、江苏、广东创新资源最为丰富，技术转移最为活跃，机构数量分别为 50 家、42 家和 28 家，居全国前三（图 5-3）。

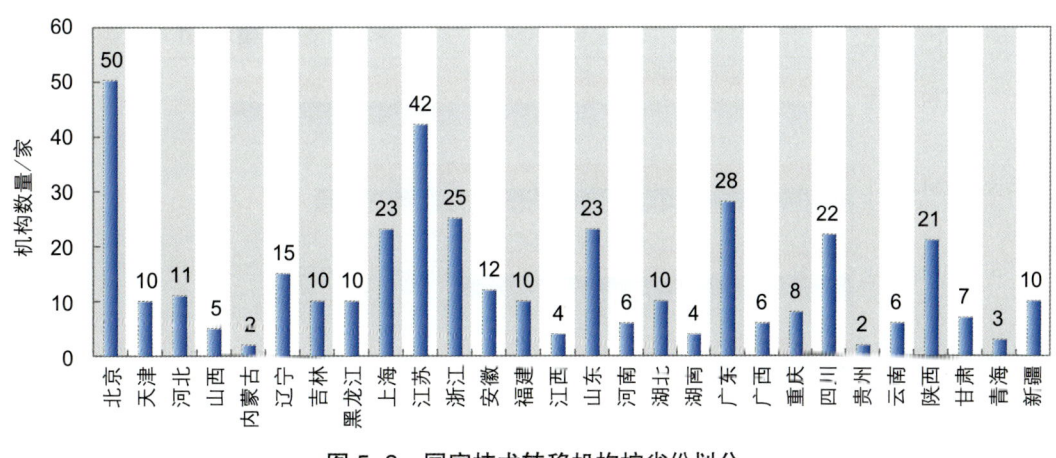

图 5-3　国家技术转移机构按省份划分

从地域分布看，东部地区机构数量为 222 家，占比为 57.7%；中部地区机构数量为 41 家，占比为 10.6%；西部地区机构数量为 87 家，占比为 22.6%；东北地区机构数量为 35 家，占比为 9.1%，整体分布情况与往年差异不大。其中，东部地区以其高等院校、科研机构数量多，研发能力强，技术交易活跃等优势，机构数量明显领先于中部、西部和东北地区（图5-4、附表15）。

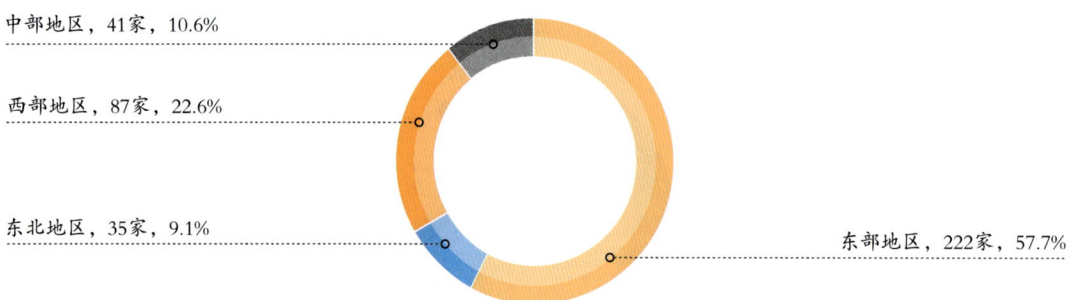

图5-4　国家技术转移机构按地域划分

（四）人员构成

2022年，385家国家技术转移机构总人数为56 549人，其中，专职从事技术转移人员近1.1万人，获得技术经纪人资格的有5038人，占总人数的8.9%，比上年增长1.0个百分点；大学本科及以上人员有44 434人，占总人数的78.6%；中级职称及以上人员有31 413人，占总人数的55.6%（图5-5）。

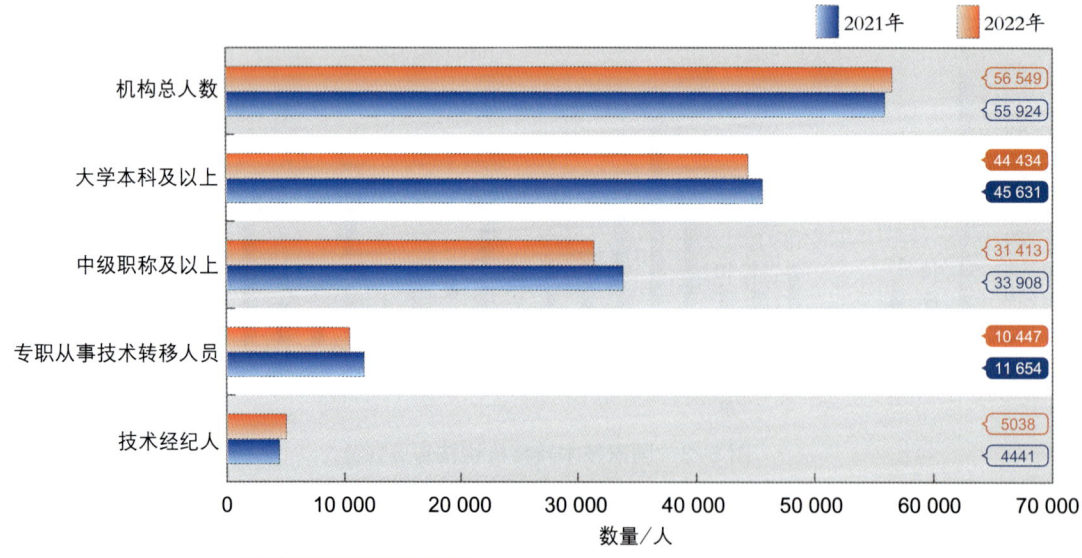

图5-5　国家技术转移机构人员构成

第五部分 技术交易机构

（五）服务成效

国家技术转移机构提供技术经纪、技术集成、技术评价和技术投融资管理服务，加快技术供给和需求对接，促进成果转化。2022年，385家国家技术转移机构共促成技术转移项目146 006项，成交总金额为2006.1亿元，同比增长10.4%。其中，战略性新兴产业技术交易增幅较大，全年促成技术转移项目79 724项，成交额为1312.2亿元，同比增长49.5%；促成公共财政投入计划项目成果转移20 936项，成交额为230.0亿元；促成国际技术转移项目1763项，成交额为382.7亿元，促成大额技术转移项目（1000万元及以上）2806项，成交额为1013.3亿元（图5-6）。

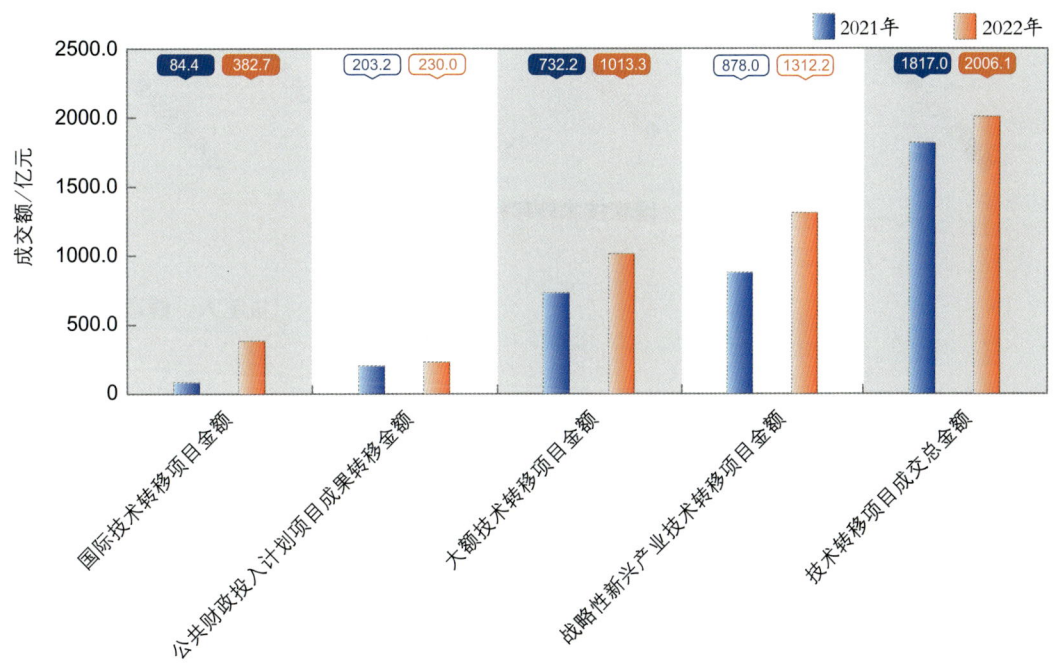

图5-6 国家技术转移机构促成项目成交情况

2022年，国家技术转移机构组织完成多种交易和培训活动，加快技术经纪人队伍培养，加速推进知识产权保护。其中，组织技术交易活动15 096次；组织技术转移培训379 879人次；服务企业275 827家；解决企业需求214 654项；全年获得专利授权194 242项，比上年增长25.6%；全年获得版权授予103 971项，同比增长88.5%（图5-7）。

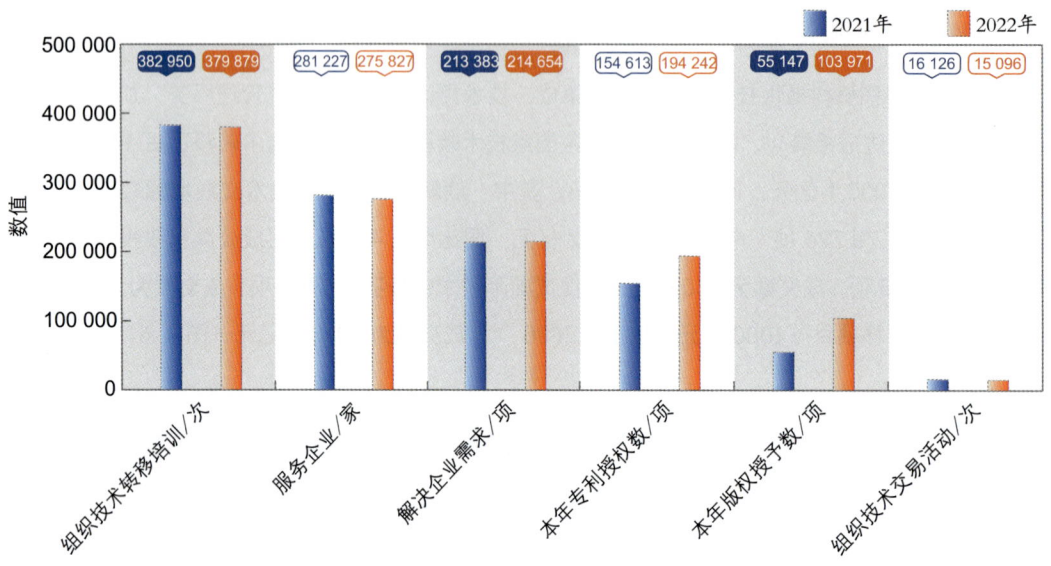

图 5-7　国家技术转移机构开展活动情况

（执笔人：魏颖、王博宇）

第六部分　附表

附表1　2013—2022年全国技术合同成交情况

项目	2013年	2014年	2015年	2016年	2017年	2018年	2019年	2020年	2021年	2022年
合同数/项	294 929	297 037	307 132	320 437	367 586	411 985	484 077	549 353	670 506	772 507
成交额/亿元	7469.1	8577.2	9835.8	11 407.0	13 424.2	17 697.4	22 398.4	28 251.5	37 294.3	47 791.0

附表2　2021—2022年技术合同类别构成[①]

合同类别	2021年				2022年			
	合同数/项	成交额			合同数/项	成交额		
		金额/亿元	增长	占比		金额/亿元	增长	占比
技术开发	256 356	11 673.9	31.6%	31.3%	271 727	14 010.8	20.0%	29.3%
技术转让	34 317	3246.6	35.4%	8.7%	38 081	4001.6	23.3%	8.4%
技术咨询	44 650	951.2	-13.9%	2.6%	52 955	966.7	1.6%	2.0%
技术服务	335 183	21 422.7	34.9%	57.4%	407 852	28 718.9	34.1%	60.1%
技术许可	—	—	—	—	1892	93.0	—	0.2%
合计	670 506	37 294.3	32.0%	100%	772 507	47 791.0	28.2%	100.0%

---

① 按照《中华人民共和国民法典》的规定，2022年将技术许可合同单列，即技术合同分为5类，即技术开发、技术转让、技术咨询、技术服务、技术许可；2021年技术转让合同包含技术许可合同。

附表3　2022年全国技术合同领域构成

技术领域	合同数		成交额		
	项数/项	增长	金额/亿元	增长	占比
城市建设与社会发展	106 985	14.9%	9739.9	27.7%	20.4%
电子信息	238 692	5.1%	9619.6	13.2%	20.1%
先进制造	118 690	31.6%	8342.3	43.4%	17.5%
现代交通	16 580	−5.6%	4870.4	23.1%	10.2%
新能源与高效节能	53 024	25.1%	4747.5	57.8%	9.9%
新材料及其应用	47 516	34.2%	3107.1	49.4%	6.5%
环境保护与资源综合利用	57 787	21.6%	2699.9	13.7%	5.7%
生物、医药和医疗器械	64 431	12.7%	2443.0	9.3%	5.1%
农业	56 357	23.7%	1212.9	36.5%	2.5%
航空航天	11 742	−16.2%	913.2	23.3%	1.9%
核应用	703	26.7%	95.3	46.9%	0.2%
合计	772 507	15.2%	47 791.0	28.2%	100.0%

附表4　2022年大额技术合同构成

构成		合同数/项	成交额/亿元	占比
合同类别	技术服务	19 902	24 390.7	63.5%
	技术开发	16 085	9910.3	25.8%
	技术转让	3186	3430.5	8.9%
	技术咨询	925	595.8	1.6%
	技术许可	199	77.7	0.2%
	合计	40 297	38 405.0	100.0%

续表

构成		合同数/项	成交额/亿元	占比
技术领域	城市建设与社会发展	5801	8915.6	23.2%
	电子信息	8918	7167.8	18.7%
	航空航天	776	762.6	2.0%
	核应用	65	87.7	0.2%
	环境保护与资源综合利用	2471	2144.5	5.6%
	农业	1578	590.9	1.5%
	生物、医药和医疗器械	3047	1756.9	4.6%
	先进制造	8859	5828.5	15.2%
	现代交通	1576	4682.9	12.2%
	新材料及其应用	3481	2373.9	6.2%
	新能源与高效节能	3725	4093.7	10.7%
	合计	40 297	38 405.0	100.0%
知识产权	集成电路布图设计专有权	71	31.9	0.1%
	技术秘密	7007	6679.7	17.4%
	计算机软件著作权	2070	1214.0	3.2%
	设计著作权	316	342.1	0.9%
	生物、医药新品种	305	154.7	0.4%
	植物新品种	93	27.8	0.1%
	专利	5116	6555.7	17.1%
	未涉及知识产权	25 319	23 399.1	60.9%
	合计	40 297	38 405.0	100.0%

附表5 2021—2022年全国输出技术成交情况

地区	合同数/项			成交额/亿元		
	2021年	2022年	增长	2021年	2022年	增长
北京	93 563	95 062	1.6%	7005.7	7947.5	13.4%
天津	12 048	12 299	2.1%	1256.8	1650.9	31.4%
河北	11 739	15 207	29.5%	747.3	1003.8	34.3%
山西	1424	1255	−11.9%	134.5	161.4	20.0%
内蒙古	1524	1519	−0.3%	41.1	51.3	24.7%
辽宁	18 526	18 410	−0.6%	755.1	971.3	28.6%
其中：沈阳	7886	8665	9.9%	336.2	443.8	32.0%
大连	8254	6509	−21.1%	323.9	407.3	25.8%
吉林	3777	2546	−32.6%	108.1	36.9	−65.8%
其中：长春	3260	1884	−42.2%	99.0	28.6	−71.1%
黑龙江	6958	6616	−4.9%	350.1	460.2	31.4%
其中：哈尔滨	4140	4302	3.9%	263.1	317.4	20.6%
上海	36 450	37 868	3.9%	2545.5	3870.7	52.1%
江苏	81 982	86 649	5.7%	2606.2	2986.8	14.6%
其中：南京	35 188	37 234	5.8%	716.0	831.4	16.1%
浙江	36 970	43 356	17.3%	1855.8	2435.1	31.2%
其中：杭州	14 611	17 252	18.1%	424.5	691.7	62.9%
宁波	3729	3971	6.5%	224.4	345.0	53.7%
安徽	23 729	30 552	28.8%	1787.7	2875.5	60.8%
福建	16 121	17 129	6.3%	196.8	259.5	31.9%
其中：厦门	6990	7091	1.4%	115.3	112.7	−2.3%
江西	6536	10 089	54.4%	409.4	733.9	79.3%
山东	48 029	55 481	15.5%	2477.8	3231.8	30.4%

续表

地区	合同数/项			成交额/亿元		
	2021年	2022年	增长	2021年	2022年	增长
其中：济南	12 051	15 943	32.3%	409.8	596.8	45.6%
青岛	5498	6255	13.8%	309.3	388.0	25.4%
河南	17 630	22 415	27.1%	607.3	1020.7	68.1%
湖北	54 148	76 995	42.2%	2090.8	3010.0	44.0%
其中：武汉	31 529	32 284	2.4%	1105.3	1360.5	23.1%
湖南	17 720	45 770	158.3%	1261.3	2542.9	101.6%
广东	48 857	46 494	−4.8%	4099.6	3967.5	−3.2%
其中：广州	24 977	22 671	−9.2%	2338.1	2474.8	5.8%
深圳	15 364	14 033	−8.7%	1633.2	1236.9	−24.3%
广西	6335	5007	−21.0%	940.6	227.0	−75.9%
海南	1042	1987	90.7%	28.4	31.6	11.0%
重庆	7194	6880	−4.4%	184.5	559.5	203.2%
四川	18 443	23 555	27.7%	1388.7	1643.5	18.4%
其中：成都	14 071	17 697	25.8%	1189.4	1458.1	22.6%
贵州	5592	8553	53.0%	289.3	390.7	35.1%
云南	4978	7498	50.6%	106.1	218.9	106.4%
西藏	101	194	92.1%	1.7	6.2	259.9%
陕西	68 951	68 537	−0.6%	2343.4	3048.7	30.1%
其中：西安	65 684	64 430	−1.9%	2200.6	2881.3	30.4%
甘肃	10 176	13 224	30.0%	280.4	335.8	19.8%
青海	1275	1133	−11.1%	14.1	16.0	13.7%
宁夏	3125	3592	14.9%	25.1	34.0	35.7%
新疆	1819	2019	11.0%	18.9	31.2	65.4%
台湾	254	281	10.6%	28.9	95.1	228.8%

续表

地区	合同数/项			成交额/亿元		
	2021年	2022年	增长	2021年	2022年	增长
香港	108	267	147.2%	30.8	72.7	136.4%
澳门	7	33	371.4%	0.3	1.8	612.0%
国外	3375	4035	19.6%	1276.3	1860.3	45.8%
合计	670 506	772 507	15.2%	37 294.3	47 791.0	28.1%

附表6　2021—2022年全国吸纳技术成交情况

地区	合同数/项			成交额/亿元		
	2021年	2022年	增长	2021年	2022年	增长
北京	71 405	69 630	−2.5%	3439.1	4112.5	19.6%
天津	9886	10 627	7.5%	599.6	783.4	30.7%
河北	15 769	17 666	12.0%	1154.1	1332.6	15.5%
山西	6069	6021	−0.8%	489.3	536.3	9.6%
内蒙古	6561	8839	34.7%	376.9	682.0	81.0%
辽宁	16 264	17 510	7.7%	511.0	747.0	46.2%
其中：沈阳	5895	6875	16.6%	161.8	246.4	52.3%
大连	6532	5467	−16.3%	142.9	197.1	37.9%
吉林	5218	4571	−12.4%	218.4	187.4	−14.2%
其中：长春	3695	3178	−14.0%	170.1	111.9	−34.2%
黑龙江	7879	8017	1.8%	242.9	346.2	42.5%
其中：哈尔滨	4025	4580	13.8%	121.2	196.8	62.3%
上海	37 962	37 926	−0.1%	1422.2	1919.3	35.0%
江苏	75 702	85 284	12.7%	2812.0	5125.3	82.3%
其中：南京	22 629	23 699	4.7%	798.0	1019.9	27.8%

续表

地区	合同数/项			成交额/亿元		
	2021年	2022年	增长	2021年	2022年	增长
浙江	42 398	49 596	17.0%	2135.9	3111.5	45.7%
其中：杭州	15 580	19 073	22.4%	653.4	956.7	46.4%
宁波	5987	6483	8.3%	309.2	462.0	49.4%
安徽	25 690	31 768	23.7%	1881.6	2669.6	41.9%
福建	17 634	18 882	7.1%	630.0	698.9	10.9%
其中：厦门	5272	5582	5.9%	87.5	156.7	79.2%
江西	9278	12 612	35.9%	596.1	801.3	34.4%
山东	47 955	54 987	14.7%	2564.2	3371.7	31.5%
其中：济南	9202	10 405	13.1%	476.7	513.2	7.7%
青岛	5872	6739	14.8%	310.5	488.7	57.4%
河南	19 047	23 225	21.9%	782.8	1066.5	36.2%
湖北	38 641	59 533	54.1%	1600.9	2298.3	43.6%
其中：武汉	17 414	20 601	18.3%	704.2	767.1	8.9%
湖南	16 726	38 301	129%	922.0	1676.3	81.8%
广东	71 428	78 816	10.3%	5490.6	5354.2	−2.5%
其中：广州	19 490	21 393	9.8%	1446.9	1583.7	9.5%
深圳	28 668	34 054	18.8%	2488.6	2053.3	−17.5%
广西	9932	8853	−10.9%	1254.0	581.5	−53.6%
海南	2975	4639	55.9%	261.0	275.5	5.6%
重庆	9548	8981	−5.9%	518.0	790.2	52.5%
四川	20 947	25 753	22.9%	1263.8	1522.0	20.4%
其中：成都	13 275	15 633	17.8%	664.4	757.1	14.0%
贵州	8160	10 775	32.0%	599.9	515.9	−14.0%
云南	7904	10 385	31.4%	700.3	741.2	5.8%

续表

地区	合同数/项			成交额/亿元		
	2021年	2022年	增长	2021年	2022年	增长
西藏	1096	1215	10.9%	198.9	182.4	−8.3%
陕西	38 463	35 139	−8.6%	1357.3	1591.1	17.2%
其中：西安	29 112	24 990	−14.2%	962.8	1019.4	5.9%
甘肃	10 941	13 414	22.6%	371.8	549.0	47.7%
青海	2642	2651	0.3%	83.2	130.5	56.9%
宁夏	4950	5594	13%	104.2	105.0	0.8%
新疆	5578	6050	8.5%	263.5	707.8	168.6%
台湾	300	112	−62.7%	30.3	9.9	−67.4%
香港	1307	1317	0.8%	279.9	467.9	67.2%
澳门	52	65	25.0%	3.3	15.1	362.1%
国外	4199	3753	−10.6%	2135.7	2785.6	30.4%
合计	670 506	772 507	15.2%	37 294.3	47 791.0	28.1%

附表7　2022年全国技术合同知识产权构成

知识产权		合同数		成交额		
		项数/项	增长	金额/亿元	增长	占比
技术秘密		117 688	15.3%	8190.2	29.2%	17.1%
专利	合计	56 008	27.5%	7295.8	34.1%	15.3%
	发明专利	33 289	18.9%	4814.6	57.2%	10.1%
	实用新型专利	22 183	45.1%	2465.0	4.8%	5.2%
	外观设计专利	536	−17.0%	16.2	−39.8%	0.0%
计算机软件著作权		54 881	−10.9%	1820.6	−6.7%	3.8%
植物新品种		2823	35.7%	47.7	28.4%	0.1%

续表

知识产权	合同数		成交额		
	项数/项	增长	金额/亿元	增长	占比
集成电路布图设计专有权	640	−17.2%	42.5	−43.7%	0.1%
生物、医药新品种	4693	−0.8%	219.3	−2.3%	0.5%
设计著作权	4316	20.5%	388.5	81.6%	0.8%
未涉及知识产权	531 458	17.7%	29 786.5	29.4%	62.3%
合计	772 507	15.2%	47 791.0	28.2%	100.0%

附表8　2013—2022年各类技术合同平均每项成交额

单位：万元

合同类别	2013年	2014年	2015年	2016年	2017年	2018年	2019年	2020年	2021年	2022年
技术开发	180.2	198.0	198.6	234.2	280.2	326.4	362.3	407.9	455.4	515.6
技术转让	918.4	909.8	1146.9	1280.6	838.6	1046.6	1291.1	1031.6	946.1	1050.8
技术咨询	59.9	87.5	78.4	191.6	168.0	189.3	196.7	305.5	213.0	182.6
技术服务	353.6	394.4	471.3	434.0	411.3	517.0	522.2	582.8	639.1	704.2
技术许可	—	—	—	—	—	—	—	—	—	491.4
单项合同平均成交额	253.3	288.8	320.3	356.0	365.2	429.6	462.7	514.3	556.2	618.6

附表9　2022年各类卖方机构成交情况

卖方类别		合同数		成交额		
		项数/项	增长	金额/亿元	增长	占比
机关法人		1073	−40.6%	247.7	6.5%	0.5%
事业法人	小计	242 206	7.7%	2411.7	6.5%	5.0%
	科研机构	80 433	3.8%	1229.0	0.9%	2.6%

续表

卖方类别		合同数		成交额		
		项数/项	增长	金额/亿元	增长	占比
事业法人	高等院校	132 883	4.4%	811.4	2.7%	1.7%
	医疗、卫生	9039	30.7%	86.4	106.4%	0.2%
	其他	19 851	50.2%	285.0	32.7%	0.6%
社团法人		1737	47.2%	44.0	77.9%	0.1%
企业法人	小计	521 900	19.2%	44 768.3	29.6%	93.7%
	内资企业	492 051	18.9%	39 641.1	29.6%	82.9%
	港澳台商投资企业	5274	17.7%	905.8	3.1%	1.9%
	外商投资企业	12 666	12.8%	2050.2	16.5%	4.3%
	个体经营	8061	63.4%	285.8	69.0%	0.6%
	境外企业	3848	13.5%	1885.3	62.2%	3.9%
自然人		3065	10.2%	159.1	53.1%	0.3%
其他组织		2526	27.7%	160.2	36.7%	0.3%
合计		772 507	15.2%	47 791.0	28.1%	100.0%

附表10 2022年各类技术合同构成

合同类别		合同数		成交额		
		项数/项	增长	金额/亿元	增长	占比
技术开发	小计	271 727	6.0%	14 010.8	20.0%	29.3%
	委托开发	258 179	7.0%	12 036.3	20.8%	25.2%
	合作开发	13 548	−10.7%	1974.5	15.2%	4.1%
技术转让	小计	38 081	11.0%	4001.6	23.3%	8.4%
	技术秘密转让	11 134	16.8%	1925.9	33.9%	4.0%
	专利实施许可转让	9590	17.1%	1084.3	13.1%	2.3%

续表

合同类别		合同数		成交额		
		项数/项	增长	金额/亿元	增长	占比
技术转让	专利权转让	13 489	7.5%	589.9	12.5%	1.2%
	专利申请权转让	910	20.7%	71.3	−17.6%	0.1%
	计算机软件著作权转让	1388	−17.6%	99.3	25.8%	0.2%
	集成电路布图设计专有权转让	16	6.7%	0.3	−31.9%	0.0%
	植物新品种权转让	815	−15.2%	10.1	−49.9%	0.0%
	生物、医药新品种权转让	230	21.1%	83.2	68.5%	0.2%
	设计著作权转让	32	−15.8%	0.5	−69.4%	0.0%
	其他	477	17.8%	136.7	55.7%	0.3%
技术咨询		52 955	18.6%	966.7	1.6%	2.0%
技术服务	小计	407 852	21.7%	28 718.9	34.1%	60.1%
	一般性技术服务	403 715	21.8%	28 613.7	34.1%	59.9%
	技术中介	1623	21.2%	12.2	−18.7%	0.0%
	技术培训	2514	11.3%	92.9	49.4%	0.2%
技术许可		1892	—	93.0	—	0.2%
合计		772 507	15.2%	47 791.0	28.1%	100.0%

附表 11　2022 年全国技术合同社会 – 经济目标构成

社会 – 经济目标	合同数		成交额		
	项数/项	增长	金额/亿元	增长	占比
环境保护、生态建设及污染防治	48 575	20.7%	2709.9	16.8%	5.7%
能源生产、分配和合理利用	55 457	38.3%	4686.3	72.8%	9.8%
卫生事业发展	41 558	10.7%	1536.7	10.8%	3.2%

续表

社会－经济目标	合同数		成交额		
	项数/项	增长	金额/亿元	增长	占比
教育事业发展	13 426	0.8%	185.3	−5.6%	0.4%
基础设施以及城市和农村规划	40 507	30.6%	7180.2	18.8%	15.0%
社会发展和社会服务	207 631	2.9%	11 449.4	30.5%	24.0%
地球和大气层的探索与利用	1680	37.0%	27.9	73.8%	0.1%
民用空间探测及开发	1981	−9.8%	76.4	−13.2%	0.2%
农林牧渔业发展	54 954	22.4%	1127.7	30.9%	2.4%
工商业发展	101 439	23.2%	7501.4	20.5%	15.7%
非定向研究	38 705	13.6%	2202.3	15.5%	4.6%
其他民用目标	151 544	22.5%	8326.4	36.9%	17.4%
国防	15 050	−16.6%	781.1	15.6%	1.6%
合计	772 507	15.2%	47 791.0	28.1%	100.0%

附表12　2022年全国技术合同科技计划项目构成

	科技计划项目	合同数/项	成交额/亿元	占比
国家科技计划	小计	6979	229.4	0.5%
	高技术研究发展计划（863计划）	121	5.3	0.0%
	国家科技重大专项	560	62.8	0.1%
	基础研究计划（973计划）、国家重大科学研究计划	67	5.6	0.0%
	星火计划	7	1.0	0.0%
	火炬计划	53	0.9	0.0%
	国家重点新产品计划	88	6.5	0.0%
	科技型中小企业技术创新基金	86	1.9	0.0%

续表

科技计划项目		合同数/项	成交额/亿元	占比
国家科技计划	国家农业科技成果转化资金	42	0.6	0.0%
	科技兴贸行动计划	5	0.3	0.0%
	国家软科学研究计划	7	0.1	0.0%
	国际科技合作计划	13	1.1	0.0%
	国家科技支撑计划	70	0.4	0.0%
	科技基础条件平台建设	13	0.6	0.0%
	科技富民强县专项行动计划	1	0.0	0.0%
	科研院所技术开发研究专项资金	34	0.5	0.0%
	国际热核聚变实验堆（ITER）计划专项	0	0	0
	自然科学基金	3813	33.0	0.1%
	科技惠民计划	1	0.0	0.0%
	其他	1998	108.7	0.2%
部门计划		7004	559.9	1.2%
省（自治区、直辖市）及计划单列市、新疆生产建设兵团计划		30 734	2686.8	5.6%
地市县计划		52 621	3021.7	6.3%
师市、院校计划		1814	26.0	0.1%
计划外		673 355	41 267.2	86.3%
合计		772 507	47 791.0	100.0%

附表13　2022年全国技术合同买卖方成交情况

买方类别		机关法人	其他组织	企业法人	社团法人	事业法人	自然人	合计
自然人	成交额/亿元	9.0	0.2	89.2	0.1	2.8	14.4	115.7
	合同数/项	3	5	6516	14	2338	199	9075

续表

买方类别		机关法人	其他组织	企业法人	社团法人	事业法人	自然人	合计
其他组织	成交额/亿元	0	69.4	945.1	0.1	68.3	0.2	1083.2
	合同数/项	0	383	4720	28	2414	30	7575
事业法人	成交额/亿元	1.2	1.8	1580.1	0.3	461.9	1.3	2046.6
	合同数/项	15	137	38 467	82	41 365	298	80 364
社团法人	成交额/亿元	0.1	0.6	57.8	0.7	2.7	1.2	63.1
	合同数/项	1	21	1477	22	993	46	2560
企业法人	成交额/亿元	126.5	76.1	37 794.8	34.7	1391.2	127.1	39 550.3
	合同数/项	326	1694	413 672	1398	162 795	1993	581 878
机关法人	成交额/亿元	110.9	12.0	4301.3	8.0	484.9	15.0	4932.1
	合同数/项	728	286	57 048	193	32 301	499	91 055
合计	成交额/亿元	247.7	160.2	44 768.3	44.0	2411.7	159.1	47 791.0
	合同数/项	1073	2526	521 900	1737	242 206	3065	772 507

附表 14　2022 年各类买方机构成交情况

买方类别		合同数		成交额		
		项数/项	增长	金额/亿元	增长	占比
机关法人		91 055	24.8%	4932.1	10.2%	10.3%
事业法人	小计	80 364	−6.6%	2046.6	17.1%	4.3%
	科研机构	27 398	−15.9%	541.0	6.7%	1.1%
	高等院校	17 167	−5.6%	148.7	14.9%	0.3%
	医疗、卫生	8275	9.3%	204.0	83.2%	0.4%
	其他	27 524	−4.0%	1152.9	15.4%	2.4%
社团法人		2560	33.3%	63.1	105.5%	0.1%

续表

买方类别		合同数		成交额		
		项数/项	增长	金额/亿元	增长	占比
企业法人	小计	581 878	16.8%	39 550.3	30.2%	82.8%
	内资企业	543 833	21.2%	34 052.3	39.6%	71.3%
	港澳台商投资企业	8046	19.5%	1081.1	10.8%	2.3%
	外商投资企业	15 366	10.3%	1825.2	34.5%	3.8%
	个体经营	10 912	18.1%	255.4	4.1%	0.5%
	境外企业	3721	−80.8%	2336.4	−31.4%	4.9%
自然人		9075	133.4%	115.7	49.8%	0.2%
其他组织		7575	−0.4%	1083.2	85.1%	2.3%
合计		772 507	15.2%	47 791.0	28.1%	100.0%

附表15 国家技术转移机构名单

省份	机构序号	机构名称
北京	1	北京北航先进工业技术研究院有限公司
	2	北京北化大科技园有限公司
	3	北京北林先进生态环保技术研究院有限公司
	4	北京产权交易所有限公司
	5	北京大学科技开发部
	6	北京大学医学部技术转移办公室
	7	北京海淀中科计算技术转移中心
	8	北京海外学人科技发展中心
	9	北京恒冠国际科技服务有限公司
	10	北京华创阳光医药科技发展有限公司（中国医药科技成果转化中心）

续表

省份	机构序号	机构名称
北京	11	北京华国昆仑科技有限公司
	12	北京华清科创科技开发有限公司
	13	北京化工大学科学技术发展研究院
	14	北京机科国创轻量化科学研究院有限公司
	15	北京技术交易促进中心
	16	北京交通大学技术转移中心
	17	北京科技大学国际高技术中心
	18	北京科技大学设计研究院有限公司
	19	北京科信必成医药科技发展有限公司
	20	北京矿冶科技集团有限公司
	21	北京理工大学技术转移中心
	22	北京软件和信息服务交易所有限公司
	23	北京市农林科学院科技产业办公室
	24	北京中农博乐科技开发有限公司（中国农科院饲料所技术转移中心）
	25	华北电力大学技术转移中心
	26	化工行业生产力促进中心
	27	科威国际技术转移有限公司
	28	清华大学国家技术转移中心
	29	全国农业科技成果转移服务中心（中国农业科学院技术转移中心）
	30	先进制造北京技术转移中心（北京工大智源科技发展有限公司）
	31	新医药北京市技术转移中心
	32	中北国技（北京）科技有限公司
	33	中材集团科技开发中心有限公司

续表

省份	机构序号	机构名称
北京	34	中关村能源与安全科技园
	35	中国兵器工业新技术推广研究所
	36	中国纺织信息中心
	37	中国钢研科技集团公司市场部
	38	中国航天系统工程有限公司
	39	中国技术供需在线平台（华教联创（北京）科技有限公司）
	40	中国技术交易所有限公司
	41	中国科学院北京国家技术转移中心
	42	中国科学院过程工程所科技开发处
	43	中国科学院计算技术研究所技术发展中心
	44	中国科学院理化技术研究所产业策划部
	45	中国科学院微电子研究所
	46	中国科学院微生物研究所技术转移转化中心
	47	中国科学院自动化研究所技术转移中心
	48	中国农业大学技术转移中心
	49	中国中医药科技开发交流中心
	50	中科合创（北京）科技成果评价中心
	51	中蔬种业科技（北京）有限公司
天津	1	高校科技创新成果转化中心
	2	国家粳稻工程技术研究中心
	3	南开大学科学技术研究部
	4	天津大学技术转移中心
	5	天津国际生物医药联合研究院

续表

省份	机构序号	机构名称
天津	6	天津化工研究设计院国家工业水处理技术研究推广中心
	7	天津市科技创新发展中心
	8	天津市科学技术发展战略研究院
	9	天津市天大银泰科技有限公司
	10	天津泰普医药知识产权流转储备中心有限公司
河北	1	国欣棉花技术转移中心
	2	河北大学技术转移中心
	3	河北工程大学科技开发中心
	4	河北工业大学技术转移中心
	5	河北科技大学技术转移中心
	6	河北农业大学技术转移中心
	7	河北省科技成果转化服务中心
	8	河北省协同创新中心
	9	廊坊技术转移中心
	10	秦皇岛燕山大学科技开发总公司
	11	石家庄铁道大学技术转移中心
	12	中国科学院唐山高新研究与转化中心
	13	中科廊坊科技谷有限公司
山西	1	山西省科协企业创新服务中心
	2	山西转型综改示范区成果转化促进服务中心
	3	太原技术转移促进中心
	4	太原科创生物技术公共服务平台有限公司
	5	忻州市科学技术市场
	6	中国辐射防护研究院技术转化推广中心

续表

省份	机构序号	机构名称
内蒙古	1	包头稀土高新区技术转移中心
	2	内蒙古真金种业科技有限公司
辽宁	1	东北大学技术转移中心有限公司
	2	辽宁工程技术大学技术转移中心
	3	辽宁科技大学技术转移中心
	4	辽宁科技学院兴科中小企业服务中心
	5	煤科集团沈阳研究院有限公司技术转移中心
	6	沈阳工业大学风能技术研究所
	7	沈阳化工研究院有限公司
	8	沈阳建筑大学技术转移中心
	9	中国科学院金属研究所可视化热加工技术转移示范中心
	10	中国科学院沈阳国家技术转移中心
吉林	1	吉林大学工业技术研究总院
	2	吉林省创新医药公共服务平台有限责任公司
	3	吉林省科技开发交流中心
	4	长春工业大学技术转移中心
	5	长春技术产权交易中心
	6	长春市科技信息研究所
	7	长春中俄科技园
	8	中国科学院长春光机所精密仪器与装备研发中心
	9	中国科学院长春技术转移中心
	10	中国科学院长春应用化学研究所技术转移转化中心

续表

省份	机构序号	机构名称
黑龙江	1	大庆市科技专利成果转化中心
	2	哈尔滨船大工程技术设计研究院
	3	哈尔滨工业大学科学与工业技术研究院
	4	哈尔滨国际技术产权交易中心
	5	哈尔滨理工大学科技园发展有限公司
	6	黑龙江省对外科技合作中心
	7	黑龙江省科技成果转化中心
	8	黑龙江省农垦科学院科技情报研究所
	9	黑龙江省农业科学院佳木斯分院
	10	黑龙江省润特科技有限公司
	11	中国科学院哈尔滨产业技术创新与育成中心
上海	1	东华大学现代纺织研究院
	2	复旦大学技术转移中心
	3	华东理工大学国家技术转移中心
	4	上海船舶研究设计院
	5	上海创新节能技术促进中心
	6	上海得民颂信息科技发展有限公司
	7	上海电机系统节能工程技术研究中心
	8	上海电缆研究所有限公司
	9	上海电力大学技术转移中心
	10	上海化工研究院技术转移中心
	11	上海技术交易所
	12	上海交大技术转移中心

续表

省份	机构序号	机构名称
上海	13	上海交通大学先进产业技术研究院
	14	上海科威国际技术转移中心有限公司
	15	上海科学技术交流中心
	16	上海理工技术转移有限公司
	17	上海盛知华知识产权服务有限公司
	18	上海市科技创业中心（上海市火炬高技术产业开发中心、上海市高新技术成果转化服务中心）
	19	上海市生物医药科技产业促进中心
	20	上海市知识产权服务中心
	21	同济大学技术转移中心
	22	中国科学院上海国家技术转移中心
	23	中国医药工业研究总院
江苏	1	APEC 技术转移中心
	2	常熟紫金知识产权服务有限公司
	3	常州大学技术转移中心
	4	河海大学技术转移中心
	5	江南大学技术转移中心
	6	江苏佰腾科技有限公司
	7	江苏大学技术转移中心
	8	江苏国际技术转移中心（江苏矽太信息科技有限公司）
	9	江苏科技大学技术转移中心
	10	江苏理工学院技术转移中心
	11	江苏省对外科学技术交流中心
	12	江苏省高新技术创业服务中心

续表

省份	机构序号	机构名称
江苏	13	江苏省农业科学院
	14	江苏师范大学技术转移中心
	15	江苏物联网研究发展中心
	16	昆山市工业技术研究院有限责任公司
	17	南京大学技术转移中心
	18	南京东南大学技术转移中心有限公司
	19	南京工程学院技术转移中心
	20	南京工业大学技术转移中心
	21	南京航空航天大学科技成果转化服务中心
	22	南京理工大学技术转移中心
	23	南京林业大学技术转移中心
	24	南京农业大学技术转移中心
	25	南京师范大学技术转移中心
	26	南京市科技成果转化服务中心
	27	南京信息工程大学技术转移中心
	28	南京邮电大学国家大学科技园
	29	南京中医药大学技术转移中心
	30	南通大学技术转移中心
	31	南通市通州区家纺产业发展服务中心
	32	苏州大学技术转移中心
	33	苏州市金桥科技服务有限公司
	34	苏州中科院产业技术创新与育成中心
	35	盐城工学院技术转移中心

续表

省份	机构序号	机构名称
江苏	36	扬州大学技术转移中心
	37	扬州国际技术转移中心有限公司
	38	浙江大学昆山创新中心
	39	浙江大学苏州工业技术研究院
	40	中国科学院常州先进制造技术研发与产业化中心
	41	中国科学院南京高新技术研发及产业化中心
	42	中国科学院泰州应用技术研发及产业化中心
	43	中国科学院扬州应用技术研发与产业化中心
	44	中国矿业大学大学科技园有限责任公司
	45	中国矿业大学技术转移中心
浙江	1	杭州枫惠科技咨询有限公司
	2	杭州高新技术成果产业化服务有限公司
	3	杭州科畅科技咨询有限公司
	4	杭州绿纽信息科技有限公司
	5	杭州市生产力促进中心
	6	湖州市南太湖科技创新中心
	7	金华市科学技术开发中心
	8	温州市科技创新服务中心
	9	义乌市思特科技信息咨询有限公司
	10	浙江大学技术转移中心
	11	浙江火炬星火科技发展有限公司
	12	浙江理工大学科技服务中心
	13	浙江省科技交流和人才服务中心

续表

省份	机构序号	机构名称
浙江	14	浙江省科技评估和成果转化中心
	15	浙江天科高新技术发展有限公司
	16	浙江长三角与欧洲波罗的海国际技术转移中心
	17	中纺院（浙江）技术研究院有限公司
	18	中国科学院湖州应用技术研究与产业化中心
	19	中国科学院嘉兴应用技术研究与转化中心
	20	中国科学院台州应用技术研发与产业化中心
安徽	1	安徽农业大学技术转移中心
	2	安徽三祥技术咨询有限公司
	3	安徽省科技成果转化服务中心
	4	安徽省新技术推广站
	5	安徽祥源科技股份有限公司
	6	蚌埠市科技情报所
	7	合肥工业大学技术转移中心
	8	合肥科技创新创业服务中心
	9	合肥市科技创新公共服务中心
	10	芜湖市产业创新中心
	11	中国科学技术大学技术转移中心
	12	中国科学院合肥技术创新工程院
福建	1	福建农林大学海峡创业育成中心
	2	福建省高新技术产权交易所有限公司
	3	福建省工研苑塑胶技术研发有限公司
	4	福建省科学技术咨询服务中心

续表

省份	机构序号	机构名称
福建	5	福州大学科学技术开发中心（福州大学科学技术开发部）
	6	福州技术市场有限公司
	7	联合国南南合作网示范基地（福建省技术转移中心）
	8	中国科学院海西育成中心
江西	1	赣州市企业技术创新促进中心有限公司
	2	国家日用及建筑陶瓷工程技术研究中心
	3	江西省科技咨询服务中心
	4	江西师大科技园发展有限公司
	5	南昌大学科技园发展有限公司
山东	1	光阳工程技术有限公司
	2	济南市产学研协作管理服务中心
	3	济宁市技术市场
	4	鲁南技术产权交易中心
	5	齐鲁工业大学技术转移中心
	6	山东百诺医药股份有限公司
	7	山东大学技术转移中心
	8	山东省建研科技发展有限公司
	9	山东力创科技股份有限公司
	10	山东省科学院高新技术产业（中试）基地（山东省科学院留学人员创业园）
	11	山东省药学科学院
	12	山东省医学科学院药物研究所
	13	潍坊高新技术产业开发区技术交易服务中心
	14	兖矿水煤浆气化及煤化工国家工程研究中心有限公司

续表

省份	机构序号	机构名称
山东	15	中国科学院山东综合技术转化中心
河南	1	河南省863软件孵化器有限公司
河南	2	河南省科学技术信息研究院
河南	3	河南省中国科学院科技成果转移转化中心
河南	4	洛阳大学科技园发展有限公司
河南	5	郑州高新区大学科技园发展有限公司
河南	6	郑州市科学技术开发中心
湖北	1	湖北工业大学成果转化中心
湖北	2	湖北航天化学技术研究所
湖北	3	湖北技术交易所
湖北	4	湖北君诚工程咨询有限公司
湖北	5	湖北省机电研究设计院
湖北	6	湖北长大科技开发有限公司
湖北	7	湖北中科博策新材料研究院
湖北	8	华中科技大学国家技术转移中心
湖北	9	华中农业大学新农村建设研究院
湖北	10	三峡大学技术转移中心
湖北	11	武汉大学技术转移中心
湖北	12	武汉工程大学成果转化中心
湖北	13	武汉光谷联合产权交易所
湖北	14	武汉光谷新药孵化公共服务平台有限公司
湖北	15	武汉科技成果转化服务中心
湖北	16	武汉生物技术研究院

续表

省份	机构序号	机构名称
湖北	17	武汉信息技术外包服务与研究中心
	18	中钢集团武汉安全环保研究院有限公司安全环保技术推广中心
	19	中国地质大学知识产权与技术转移中心
	20	中国科学院湖北产业技术创新与育成中心
湖南	1	阿凡提信息科技（湖南）股份有限公司
	2	湖南大学科技成果与知识产权管理办公室
	3	湖南省技术产权交易所
	4	湖南湘潭大学生科技创业园有限公司
	5	长沙技术产权交易所有限公司
	6	长沙新技术创业服务中心
	7	中国科学院湖南技术转移中心
	8	中南大学技术转移中心
	9	株洲市技术转移促进中心
广东	1	电子科技大学广东电子信息工程研究院
	2	东莞深圳清华大学研究院创新中心
	3	东莞中国科学院云计算产业技术创新与育成中心
	4	佛山中国科学院产业技术研究院
	5	广东华中科技大学工业技术研究院
	6	广东省农业技术转移与扩散中心
	7	广东省微生物研究所
	8	广东省自动化与信息技术转移中心
	9	广州博士信息技术研究院有限公司
	10	广州产权交易所广州技术产权交易中心

续表

省份	机构序号	机构名称
广东	11	广州现代产业技术研究院
	12	广州中国科学院工业技术研究院
	13	华南理工大学工业技术研究总院
	14	中国科学院广州技术转移中心
	15	中国科学院广州能源研究所
	16	中国科学院广州生物医药与健康研究院
	17	中山大学技术转移中心
	18	中山康方生物医药有限公司
	19	中山市北京理工大学研究院
	20	中山市工业技术研究中心
广西	1	北海技术市场
	2	广西博士海意信息科技有限公司
	3	广西东盟技术转移中心
	4	桂林电器科学研究院有限公司
	5	钦州市技术转移中心
	6	中国科技开发院广西分院
重庆	1	中国科学院重庆绿色智能技术研究院
	2	重庆工业服务港投资管理有限公司
	3	重庆科技成果转化促进会
	4	重庆科技检测中心
	5	重庆市科技信息中心
	6	重庆市科协科技服务中心
	7	重庆市科学技术研究院重庆技术评估与转移服务中心

续表

省份	机构序号	机构名称
重庆	8	重庆市农业科学院
四川	1	成都科技服务集团有限公司
	2	成都生产力促进中心
	3	成都天河中西医科技保育有限公司
	4	成都西南交大技术转移中心有限公司
	5	成都西南交大科技园管理有限责任公司
	6	成都西南石油大学科技园发展有限公司
	7	电子科技大学科学技术发展研究院
	8	海天水务集团股份公司技术转移中心
	9	绵阳市农业科学研究院技术转移中心（绵阳农科院）
	10	四川大学国家技术转移中心
	11	四川农业大学新农村发展研究院
	12	四川省技术转移中心
	13	四川省科技交流中心
	14	四川省科协企业创新服务中心
	15	四川省科学技术信息研究所
	16	四川省自然资源科学研究院
	17	四川西部医药技术转移中心
	18	四川中物技术有限责任公司
	19	西南科技大学科技园技术转移中心
	20	西南联合产权交易所有限责任公司
	21	中国科学院成都技术转移中心
	22	自贡市技术转移中心

续表

省份	机构序号	机构名称
贵州	1	贵州大学科学技术研究院
	2	贵州元通科技发展有限公司
云南	1	昆明理工大学技术转移中心
	2	亚太环保股份有限公司
	3	云南大学技术转移中心
	4	云南技术转移中心暨上海—云南技术转移基地
	5	云南省大学科技园办公室
	6	云南省机械研究设计院
陕西	1	宝鸡市科技创新交流服务中心
	2	国家（杨凌）农业技术转移中心
	3	陕西工业技术研究院
	4	陕西功能食品工程中心有限公司
	5	陕西省技术转移中心
	6	西安高新技术企业协会
	7	西安技术产权交易有限公司
	8	西安技术市场
	9	西安建筑科技大学技术转移中心
	10	西安交通大学技术成果转移有限责任公司
	11	西安科技产业发展中心
	12	西安科技大市场有限公司
	13	西安中科光机投资控股有限公司
	14	西北工业技术研究院
	15	咸阳市技术市场

续表

省份	机构序号	机构名称
陕西	16	新兴能源科技有限公司
	17	杨凌示范区农村技术开发中心
	18	长安大学科技产业发展中心
	19	中国科学院水利部水土保持研究所
	20	中国杨凌农业知识产权信息中心
	21	中国重型机械研究院股份公司
甘肃	1	甘肃省建材科研设计院
	2	甘肃省科技发展促进中心
	3	甘肃省农业科学院
	4	甘肃省轻工研究院
	5	甘肃省知识产权事务中心
	6	兰州大学科技园技术转移中心
	7	兰州交大科技成果转化有限公司
	8	兰州理工大学高新技术成果推广转化中心
青海	1	青海省科学技术开发中心
	2	西宁市科技创新促进中心
	3	中国科学院青海盐湖研究所
新疆	1	国家荒漠-绿洲生态建设工程技术研究中心
	2	新疆大学技术转移中心
	3	新疆民族药关键技术及工艺工程研究中心
	4	新疆农业科学院
	5	新疆申新科技合作基地有限公司
	6	新疆维吾尔自治区科技项目服务中心

续表

省份	机构序号	机构名称
新疆	7	新疆中亚科技信息生产力促进中心
新疆生产建设兵团	1	石河子科学技术开发交流中心
新疆生产建设兵团	2	新疆生产建设兵团常设技术市场
新疆生产建设兵团	3	新疆石达赛特科技有限公司
大连	1	大连大学科技园
大连	2	大连工业大学技术转移中心
大连	3	大连交通大学现代轨道交通研究院
大连	4	大连理工大学技术转移中心有限公司
大连	5	中国科学院大连化学物理研究所技术转移转化中心
大连	6	中昊（大连）化工研究设计院有限公司
青岛	1	青岛海大新星计算机工程中心
青岛	2	青岛华慧泽知识产权代理有限公司
青岛	3	青岛技术产权交易所有限责任公司
青岛	4	青岛胶科邦信技术服务有限公司
青岛	5	青岛科大都市科技园集团有限公司
青岛	6	青岛连城创新技术开发服务有限责任公司
青岛	7	青岛市技术市场服务中心
青岛	8	青岛中石大科技创业有限公司
青岛	9	青岛中天智诚科技服务平台有限公司
青岛	10	山东科技大学科技园管理有限公司
青岛	11	中国海洋大学科学技术处
青岛	12	中国科学院青岛产业技术创新与育成中心

续表

省份	机构序号	机构名称
宁波	1	宁波表面工程研究中心
	2	宁波高新区浙达技术转移咨询有限公司（浙江大学宁波技术转移中心）
	3	宁波市对外科技交流中心
	4	宁波市鄞州德来特技术有限公司
	5	中国兵器科学研究院宁波分院（中国兵器工业集团军民双向技术转移中心）
	6	中科院宁波材料所所地合作与技术转移办公室
厦门	1	厦门海峡科技创业促进有限公司
	2	厦门科易网科技有限公司
	3	中国科学院厦门产业技术创新与育成中心
深圳	1	清华大学深圳研究生院技术转移办公室
	2	深港产学研基地产业发展中心
	3	深圳大学技术转移中心
	4	深圳联合产权交易所股份有限公司
	5	深圳清华国际技术转移中心
	6	深圳市对接平台科技发展有限公司
	7	深圳市华创科技创新成果产业转化中心
	8	深圳市南方国际技术交易市场有限公司
	9	深圳市南山科技事务所
	10	深圳先进技术研究院工程中心
	11	深圳中科院知识产权投资有限公司

（执笔人：张立红、魏颖）

第七部分　大事记

1月1日	《中华人民共和国科学技术进步法》由中华人民共和国第十三届全国人民代表大会常务委员会第三十二次会议于2021年12月24日修订通过，自2022年1月1日起施行。
2月22日	科技部批复国家技术转移海南中心建设，支持海南省依托自有贸易港制度集成优势，打造全要素聚集、全链条贯通的国际化技术转移服务平台，促进科技成果转化和产业化，加快建设高标准自有贸易港。截至2022年年底，全国已建成12家国家技术转移区域中心。
4月10日	《中共中央　国务院关于加快建设全国统一大市场的意见》发布，明确加快建立全国统一的市场制度规则，打破地方保护和市场分割，打通制约经济循环的关键堵点，促进商品要素资源在更大范围内畅通流动，加快建设高效规范、公平竞争、充分开放的全国统一大市场，全面推动我国市场由大到强转变，为建设高标准市场体系、构建高水平社会主义市场经济体制提供有力保障。
4月25日	科技部火炬中心建设开发的"全国技术合同管理与服务系统"在全国正式上线运行，通过提升技术合同政务信息化管理能力和服务水平，进一步规范全国技术合同认定登记管理，为加快发展技术要素市场奠定基础。
4月25日	科技部火炬中心印发《关于开展2022年度火炬科技成果直通车申报工作的通知》，在北京、河北等19个省（自治区、直辖市）及计划单列市举办25场直通车活动。直通车活动聚焦科技成果的资本化、产业化、国际化，搭建政府、高校院所、企业、投资机构和服务机构多方联动的成果转化平台，带动产业链供应链协同创新，加快推动科技成果落地转化。

第七部分　大事记

9月30日　科技部制定《"十四五"技术要素市场专项规划》，强调"十四五"期间技术要素市场总体要求和重点任务是现代化技术要素市场体系和运行制度基本建立，统一开放、竞争有序、制度完备、治理完善的高标准技术要素市场基本建成。

10月28日　科技部火炬中心制定了《技术合同认定登记工作指引》，进一步加强技术合同认定登记规范管理，促进科技成果转化税收优惠等政策落实落地。

12月5日　科技部火炬中心印发《科技部火炬中心关于开展2022年度火炬统计调查工作的通知》。12月29—30日，科技部火炬中心举办2022年度全国火炬统计工作线上培训班，专门部署了高新区、技术市场、科技成果登记、国家技术转移机构等统计工作，要求依法依规开展统计，确保统计数据的真实性、准确性、时效性。

12月22日　科技部火炬中心印发《关于开展国家技术转移机构考核评价工作的通知》，进一步加强对国家技术转移机构的规范化管理，提升国家技术转移机构的专业化服务能力，促进新时期技术要素市场高质量发展。

12月31日　2022年全国共签订技术合同772 507项，成交额为47 791.0亿元，分别比上年增长15.2%和28.1%；全年共登记科技成果84 324项，产出各类知识产权187 139项，分别同比增长7.2%和41.7%；技术合同成交额和科技成果登记总量再创历史新高。

（执笔人：孙启新、王博宇）

第八部分　政策篇

中共中央　国务院关于加快建设全国统一大市场的意见

（2022年3月25日）

建设全国统一大市场是构建新发展格局的基础支撑和内在要求。为从全局和战略高度加快建设全国统一大市场，现提出如下意见。

一、总体要求

（一）指导思想。以习近平新时代中国特色社会主义思想为指导，全面贯彻党的十九大和十九届历次全会精神，弘扬伟大建党精神，坚持稳中求进工作总基调，完整、准确、全面贯彻新发展理念，加快构建新发展格局，全面深化改革开放，坚持创新驱动发展，推动高质量发展，坚持以供给侧结构性改革为主线，以满足人民日益增长的美好生活需要为根本目的，统筹发展和安全，充分发挥法治的引领、规范、保障作用，加快建立全国统一的市场制度规则，打破地方保护和市场分割，打通制约经济循环的关键堵点，促进商品要素资源在更大范围内畅通流动，加快建设高效规范、公平竞争、充分开放的全国统一大市场，全面推动我国市场由大到强转变，为建设高标准市场体系、构建高水平社会主义市场经济体制提供坚强支撑。

（二）工作原则

——立足内需，畅通循环。以高质量供给创造和引领需求，使生产、分配、流通、消费各环节更加畅通，提高市场运行效率，进一步巩固和扩展市场资源优势，使建设超大规模的国内市场成为一个可持续的历史过程。

——立破并举，完善制度。从制度建设着眼，明确阶段性目标要求，压茬推进统一市场建设，同时坚持问题导向，着力解决突出矛盾和问题，加快清理废除妨碍统一市场和公平竞争的各种规定和做法，破除各种封闭小市场、自我小循环。

——有效市场，有为政府。坚持市场化、法治化原则，充分发挥市场在资源配置中的决定性作用，更好发挥政府作用，强化竞争政策基础地位，加快转变政府职能，用足用好超大规模市场优势，让需求更好地引领优化供给，让供给更好地服务扩大需求，以统一大市场集聚资源、推动增长、激励创新、优化分工、促进竞争。

——系统协同，稳妥推进。不断提高政策的统一性、规则的一致性、执行的协同性，科学把握市场规模、结构、组织、空间、环境和机制建设的步骤与进度，坚持放管结合、放管并重，提升政府监管效能，增强在开放环境中动态维护市场稳定、经济安全的能力，有序扩大统一大市场的影响力和辐射力。

（三）主要目标

——持续推动国内市场高效畅通和规模拓展。发挥市场促进竞争、深化分工等优势，进一步打通市场效率提升、劳动生产率提高、居民收入增加、市场主体壮大、供给质量提升、需求优化升级之间的通道，努力形成供需互促、产销并进、畅通高效的国内大循环，扩大市场规模容量，不断培育发展强大国内市场，保持和增强对全球企业、资源的强大吸引力。

——加快营造稳定公平透明可预期的营商环境。以市场主体需求为导向，力行简政之道，坚持依法行政，公平公正监管，持续优化服务，加快打造市场化法治化国际化营商环境。充分发挥各地区比较优势，因地制宜为各类市场主体投资兴业营造良好生态。

——进一步降低市场交易成本。发挥市场的规模效应和集聚效应，加强和改进反垄断反不正当竞争执法司法，破除妨碍各种生产要素市场化配置和商品服务流通的体制机制障碍，降低制度性交易成本。促进现代流通体系建设，降低全社会流通成本。

——促进科技创新和产业升级。发挥超大规模市场具有丰富应用场景和放大创新收益的优势，通过市场需求引导创新资源有效配置，促进创新要素有序流动和合理配置，完善促进自主创新成果市场化应用的体制机制，支撑科技创新和新兴产业发展。

——培育参与国际竞争合作新优势。以国内大循环和统一大市场为支撑，有效利用全球要素和市场资源，使国内市场与国际市场更好联通。推动制度型开放，增强在全球产业链供应链创新链中的影响力，提升在国际经济治理中的话语权。

二、强化市场基础制度规则统一

（四）完善统一的产权保护制度。完善依法平等保护各种所有制经济产权的制度体系。健全统一规范的涉产权纠纷案件执法司法体系，强化执法司法部门协同，进一步规范执法领域涉产权强制措施规则和程序，进一步明确和统一行政执法、司法裁判标准，健全行政执法与刑事司法双向衔接机制，依法保护企业产权及企业家人身财产安全。推动知识产权诉讼制度创新，完善知识产权法院跨区域管辖制度，畅通知识产权诉讼与仲裁、调解的对接机制。

（五）实行统一的市场准入制度。严格落实"全国一张清单"管理模式，严禁各地区各部门自行发布具有市场准入性质的负面清单，维护市场准入负面清单制度的统一性、严肃性、权威性。研究完善市场准入效能评估指标，稳步开展市场准入效能评估。依法开展市场主体登记注册工作，建立全国统一的登记注册数据标准和企业名称自主申报行业字词库，逐步实现经营范围登记的统一表述。制定全国通用性资格清单，统一规范评价程序及管理办法，提升全国互通互认互用效力。

（六）维护统一的公平竞争制度。坚持对各类市场主体一视同仁、平等对待。健全公平竞争制度框架和政策实施机制，建立公平竞争政策与产业政策协调保障机制，优化完善产业政策实施方式。健全反垄断法律规则体系，加快推动修改反垄断法、反不正当竞争法，完善公平竞争审查制度，研究重点领域和行业性审查规则，健全审查机制，统一审查标准，规范审查程序，提高审查效能。

（七）健全统一的社会信用制度。编制出台全国公共信用信息基础目录，完善信用信息标准，建立公共信用信息同金融信息共享整合机制，形成覆盖全部信用主体、所有信用信息类别、全国所有区域的信用信息网络。建立健全以信用为基础的新型监管机制，全面推广信用承诺制度，建立企业信用状况综合评价体系，以信用风险为导向优化配置监管资源，依法依规编制出台全国失信惩戒措施基础清单。健全守信激励和失信惩戒机制，将失信惩戒和惩治腐败相结合。完善信用修复机制。加快推进社会信用立法。

三、推进市场设施高标准联通

（八）建设现代流通网络。优化商贸流通基础设施布局，加快数字化建设，推动线上线下融合发展，形成更多商贸流通新平台新业态新模式。推动国家物流枢纽网络建设，大力发展多式联运，推广标准化托盘带板运输模式。大力发展第三方物流，支持数字化第三方物流交付平台建设，推动第三方物流产业科技和商业模式创新，培育一批有全球影响力的数字化平台企业和供应链企业，促进全社会物流降本增效。加强应急物流体系建设，提升灾害高风险区域交通运输设施、物流站点等设防水平和承灾能力，积极防范粮食、能源等重要产品供应短缺风险。完善国家综合立体交通网，推进多层次一体化综合交通枢纽建设，推动交通运输设施跨区域一体化发展。建立健全城乡融合、区域联通、安全高效的电信、能源等基础设施网络。

（九）完善市场信息交互渠道。统一产权交易信息发布机制，实现全国产权交易市场联通。优化行业公告公示等重要信息发布渠道，推动各领域市场公共信息互通共享。优化市场主体信息公示，便利市场主体信息互联互通。推进同类型及同目的信息认证平台统一接口建设，完善接口标准，促进市场信息流动和高效使用。依法公开市场主体、投资项目、产量、产能等信息，引导供需动态平衡。

（十）推动交易平台优化升级。深化公共资源交易平台整合共享，研究明确各类公共资源交易纳入统一平台体系的标准和方式。坚持应进必进的原则要求，落实和完善"管办分离"制度，将公共资源交易平台覆盖范围扩大到适合以市场化方式配置的各类公共资源，加快推进公共资源交易全流程电子化，积极破除公共资源交易领域的区域壁垒。加快推动商品市场数字化改造和智能化升级，鼓励打造综合性商品交易平台。加快推进大宗商品期现货市场建设，不断完善交易规则。鼓励交易平台与金融机构、中介机构合作，依法发展涵盖产权界定、价格评估、担保、保险等业务的综合服务体系。

四、打造统一的要素和资源市场

（十一）健全城乡统一的土地和劳动力市场。统筹增量建设用地与存量建设用地，实行统一规划，强化统一管理。完善城乡建设用地增减挂钩节余指标、补充耕地指标跨区域交易机制。完善全国统一的建设用地使用权转让、出租、抵押二级市场。健全统一规范的人力资源市场体系，促进劳动力、人才跨地区顺畅流动。完善财政转移支付和城镇新增建设用地规模与农业转移人口市民化挂钩政策。

（十二）加快发展统一的资本市场。统一动产和权利担保登记，依法发展动产融资。强化重要金融基础设施建设与统筹监管，统一监管标准，健全准入管理。选择运行安全规范、风险管理能力较强的区域性股权市场，开展制度和业务创新试点，加强区域性股权市场和全国性证券市场板块间的合作衔接。推动债券市场基础设施互联互通，实现债券市场要素自由流动。发展供应链金融，提供直达各流通环节经营主体的金融产品。加大对资本市场的监督力度，健全权责清晰、分工明确、运行顺畅的监管体系，筑牢防范系统性金融风险安全底线。坚持金融服务实体经济，防止脱实向虚。为资本设置"红绿灯"，防止资本无序扩张。

（十三）加快培育统一的技术和数据市场。建立健全全国性技术交易市场，完善知识产权评估与交易机制，推动各地技术交易市场互联互通。完善科技资源共享服务体系，鼓励不同区域之间科技信息交流互动，推动重大科研基础设施和仪器设备开放共享，加大科技领域国际合作力度。加快培育数据要素市场，建立健全数据安全、权利保护、跨境传输管理、交易流通、开放共享、安全认证等基础制度和标准规范，深入开展数据资源调查，推动数据资源开发利用。

（十四）建设全国统一的能源市场。在有效保障能源安全供应的前提下，结合实现碳达峰碳中和目标任务，有序推进全国能源市场建设。在统筹规划、优化布局基础上，健全油气期货产品体系，规范油气交易中心建设，优化交易场所、交割库等重点基础设施布局。推动油气管网设施互联互通并向各类市场主体公平开放。稳妥推进天然气市场化改革，加快建立统一的天然气能量计量计价体系。健全多层次统一电力市场体系，研究推动适时组建全国电力交易中心。进一步发挥全国煤炭交易中心作用，推动完善全国统一的煤炭交易市场。

（十五）培育发展全国统一的生态环境市场。依托公共资源交易平台，建设全国统一的碳排放权、用水权交易市场，实行统一规范的行业标准、交易监管机制。推进排污权、用能权市场化交易，探索建立初始分配、有偿使用、市场交易、纠纷解决、配套服务等制度。推动绿色产品认证与标识体系建设，促进绿色生产和绿色消费。

第八部分　政策篇

五、推进商品和服务市场高水平统一

（十六）健全商品质量体系。建立健全质量分级制度，广泛开展质量管理体系升级行动，加强全供应链、全产业链、产品全生命周期管理。深化质量认证制度改革，支持社会力量开展检验检测业务，探索推进计量区域中心、国家产品质量检验检测中心建设，推动认证结果跨行业跨区域互通互认。推动重点领域主要消费品质量标准与国际接轨，深化质量认证国际合作互认，实施产品伤害监测和预防干预，完善质量统计监测体系。推进内外贸产品同线同标同质。进一步巩固拓展中国品牌日活动等品牌发展交流平台，提高中国品牌影响力和认知度。

（十七）完善标准和计量体系。优化政府颁布标准与市场自主制定标准结构，对国家标准和行业标准进行整合精简。强化标准验证、实施、监督，健全现代流通、大数据、人工智能、区块链、第五代移动通信（5G）、物联网、储能等领域标准体系。深入开展人工智能社会实验，推动制定智能社会治理相关标准。推动统一智能家居、安防等领域标准，探索建立智能设备标识制度。加快制定面部识别、指静脉、虹膜等智能化识别系统的全国统一标准和安全规范。紧贴战略性新兴产业、高新技术产业、先进制造业等重点领域需求，突破一批关键测量技术，研制一批新型标准物质，不断完善国家计量体系。促进内外资企业公平参与我国标准化工作，提高标准制定修订的透明度和开放度。开展标准、计量等国际交流合作。加强标准必要专利国际化建设，积极参与并推动国际知识产权规则形成。

（十八）全面提升消费服务质量。改善消费环境，强化消费者权益保护。加快完善并严格执行缺陷产品召回制度，推动跨国跨地区经营的市场主体为消费者提供统一便捷的售后服务，进一步畅通商品异地、异店退换货通道，提升消费者售后体验。畅通消费者投诉举报渠道，优化消费纠纷解决流程与反馈机制，探索推进消费者权益保护工作部门间衔接联动机制。建立完善消费投诉信息公示制度，促进消费纠纷源头治理。完善服务市场预付式消费管理办法。围绕住房、教育培训、医疗卫生、养老托育等重点民生领域，推动形成公开的消费者权益保护事项清单，完善纠纷协商处理办法。

六、推进市场监管公平统一

（十九）健全统一市场监管规则。加强市场监管行政立法工作，完善市场监管程序，加强市场监管标准化规范化建设，依法公开监管标准和规则，增强市场监管制度和政策的稳定性、可预期性。对食品药品安全等直接关系群众健康和生命安全的重点领域，落实最严谨标准、最严格监管、最严厉处罚、最严肃问责。对互联网医疗、线上教育培训、在线娱乐等新业态，推进线上线下一体化监管。加强对工程建设领域统一公正监管，依纪依法严厉查处违纪违法行为。强化重要工业产品风险监测和监督抽查，督促企业落实质量安全主体责任。充分发挥行业协会商会作用，建立有效的政企沟通

机制，形成政府监管、平台自律、行业自治、社会监督的多元治理新模式。

（二十）强化统一市场监管执法。推进维护统一市场综合执法能力建设，加强知识产权保护、反垄断、反不正当竞争执法力量。强化部门联动，建立综合监管部门和行业监管部门联动的工作机制，统筹执法资源，减少执法层级，统一执法标准和程序，规范执法行为，减少自由裁量权，促进公平公正执法，提高综合执法效能，探索在有关行业领域依法建立授权委托监管执法方式。鼓励跨行政区域按规定联合发布统一监管政策法规及标准规范，积极开展联动执法，创新联合监管模式，加强调查取证和案件处置合作。

（二十一）全面提升市场监管能力。深化简政放权、放管结合、优化服务改革，完善"双随机、一公开"监管、信用监管、"互联网＋监管"、跨部门协同监管等方式，加强各类监管的衔接配合。充分利用大数据等技术手段，加快推进智慧监管，提升市场监管政务服务、网络交易监管、消费者权益保护、重点产品追溯等方面跨省通办、共享协作的信息化水平。建立健全跨行政区域网络监管协作机制，鼓励行业协会商会、新闻媒体、消费者和公众共同开展监督评议。对新业态新模式坚持监管规范和促进发展并重，及时补齐法规和标准空缺。

七、进一步规范不当市场竞争和市场干预行为

（二十二）着力强化反垄断。完善垄断行为认定法律规则，健全经营者集中分类分级反垄断审查制度。破除平台企业数据垄断等问题，防止利用数据、算法、技术手段等方式排除、限制竞争。加强对金融、传媒、科技、民生等领域和涉及初创企业、新业态、劳动密集型行业的经营者集中审查，提高审查质量和效率，强化垄断风险识别、预警、防范。稳步推进自然垄断行业改革，加强对电网、油气管网等网络型自然垄断环节的监管。加强对创新型中小企业原始创新和知识产权的保护。

（二十三）依法查处不正当竞争行为。对市场主体、消费者反映强烈的重点行业和领域，加强全链条竞争监管执法，以公正监管保障公平竞争。加强对平台经济、共享经济等新业态领域不正当竞争行为的规制，整治网络黑灰产业链条，治理新型网络不正当竞争行为。健全跨部门跨行政区域的反不正当竞争执法信息共享、协作联动机制，提高执法的统一性、权威性、协调性。构建跨行政区域的反不正当竞争案件移送、执法协助、联合执法机制，针对新型、疑难、典型案件畅通会商渠道、互通裁量标准。

（二十四）破除地方保护和区域壁垒。指导各地区综合比较优势、资源环境承载能力、产业基础、防灾避险能力等因素，找准自身功能定位，力戒贪大求洋、低层次重复建设和过度同质竞争，不搞"小而全"的自我小循环，更不能以"内循环"的名义搞地区封锁。建立涉企优惠政策目录清单并及时向社会公开，及时清理废除各地区含有地方保护、市场分割、指定交易等妨碍统一市场和公平竞争的政策，全面清理歧视外资企业和外地企业、实行地方保护的各类优惠政策，对新出台政策严格开

展公平竞争审查。加强地区间产业转移项目协调合作，建立重大问题协调解决机制，推动产业合理布局、分工进一步优化。鼓励各地区持续优化营商环境，依法开展招商引资活动，防止招商引资恶性竞争行为，以优质的制度供给和制度创新吸引更多优质企业投资。

（二十五）清理废除妨碍依法平等准入和退出的规定做法。除法律法规明确规定外，不得要求企业必须在某地登记注册，不得为企业跨区域经营或迁移设置障碍。不得设置不合理和歧视性的准入、退出条件以限制商品服务、要素资源自由流动。不得以备案、注册、年检、认定、认证、指定、要求设立分公司等形式设定或者变相设定准入障碍。不得在资质认定、业务许可等方面，对外地企业设定明显高于本地经营者的资质要求、技术要求、检验标准或评审标准。清理规范行政审批、许可、备案等政务服务事项的前置条件和审批标准，不得将政务服务事项转为中介服务事项，没有法律法规依据不得在政务服务前要求企业自行检测、检验、认证、鉴定、公证以及提供证明等，不得搞变相审批、有偿服务。未经公平竞争不得授予经营者特许经营权，不得限定经营、购买、使用特定经营者提供的商品和服务。

（二十六）持续清理招标采购领域违反统一市场建设的规定和做法。制定招标投标和政府采购制度规则要严格按照国家有关规定进行公平竞争审查、合法性审核。招标投标和政府采购中严禁违法限定或者指定特定的专利、商标、品牌、零部件、原产地、供应商，不得违法设定与招标采购项目具体特点和实际需要不相适应的资格、技术、商务条件等。不得违法限定投标人所在地、所有制形式、组织形式，或者设定其他不合理的条件以排斥、限制经营者参与投标采购活动。深入推进招标投标全流程电子化，加快完善电子招标投标制度规则、技术标准，推动优质评标专家等资源跨地区跨行业共享。

八、组织实施保障

（二十七）加强党的领导。各地区各部门要充分认识建设全国统一大市场对于构建新发展格局的重要意义，切实把思想和行动统一到党中央决策部署上来，做到全国一盘棋，统一大市场，畅通大循环，确保各项重点任务落到实处。

（二十八）完善激励约束机制。探索研究全国统一大市场建设标准指南，对积极推动落实全国统一大市场建设、取得突出成效的地区可按国家有关规定予以奖励。动态发布不当干预全国统一大市场建设问题清单，建立典型案例通报约谈和问题整改制度，着力解决妨碍全国统一大市场建设的不当市场干预和不当竞争行为问题。

（二十九）优先推进区域协作。结合区域重大战略、区域协调发展战略实施，鼓励京津冀、长三角、粤港澳大湾区以及成渝地区双城经济圈、长江中游城市群等区域，在维护全国统一大市场前提下，优先开展区域市场一体化建设工作，建立健全区域合作机制，积极总结并复制推广典型经验和做法。

（三十）形成工作合力。各地区各部门要根据职责分工，不折不扣落实本意见要求，对本地区本部门是否存在妨碍全国统一大市场建设的规定和实际情况开展自查清理。国家发展改革委、市场监管总局会同有关部门建立健全促进全国统一大市场建设的部门协调机制，加大统筹协调力度，强化跟踪评估，及时督促检查，推动各方抓好贯彻落实。加强宣传引导和舆论监督，为全国统一大市场建设营造良好社会氛围。重大事项及时向党中央、国务院请示报告。

北京市科学技术委员会、中关村科技园区管理委员会关于印发《北京市技术合同认定登记管理办法》的通知

京科发〔2023〕4号

各有关单位：

为了规范本市技术合同认定登记工作，深入推进"放管服"改革，持续优化营商环境，促进科技成果转化，加快发展技术要素市场，依据国家技术合同认定登记有关规定和《北京市技术市场条例》《北京市促进科技成果转化条例》等有关法律法规，北京市科学技术委员会、中关村科技园区管理委员会修订了《北京市技术合同认定登记管理办法》，现正式印发，请遵照执行。

特此通知。

北京市科学技术委员会
中关村科技园区管理委员会
（北京市科学技术委员会代章）
2023年4月12日

北京市技术合同认定登记管理办法

第一章 总 则

第一条 为了规范本市技术合同认定登记工作，深入推进"放管服"改革，持续优化营商坏境，促进科技成果转化，加快发展技术要素市场，依据国家技术合同认定登记有关规定和《北京市技术市场条例》《北京市促进科技成果转化条例》等有关法律法规，结合本市实际，制定本办法。

第二条 具备完全民事行为能力和民事权利能力的自然人或本市注册的法人、非法人组织依法签订合同并申请技术合同认定登记，适用本办法。

第三条 本市的技术合同认定登记实行依法认定、客观准确、高效服务、严格管理的工作原则。

第二章 组织机构

第四条 北京市科学技术委员会、中关村科技园区管理委员会（以下简称市科委、中关村管委会）是本市技术合同认定登记工作的主管部门。

市科委、中关村管委会批准设立技术合同登记机构（以下简称登记机构），委托其具体开展技术合同认定登记工作。

第五条 北京技术市场管理办公室（以下简称市场办）在市科委、中关村管委会领导下具体负责本市技术合同认定登记的日常管理、监督工作，加强对登记机构及技术合同登记人员（以下简称登记人员）的管理，规范技术合同认定登记程序，提高技术合同认定登记的服务能力和水平。

第六条 区科学技术部门负责组织协调辖区内的技术合同认定登记工作。

第七条 登记机构必须具备下列基本条件：

1. 在本市注册，具备独立法人资格的行政机关、事业单位、国有企业或社会团体；

2. 有 3 名（含）以上符合条件的登记人员；

3. 能够独立、客观、公正开展技术合同认定登记相关工作；

4. 具备开展技术合同认定登记的工作基础；

5. 建有技术合同认定登记工作相关的廉政风险防控机制。

第八条 登记人员应当是登记机构的在职人员，并具备以下条件：

1. 具有大专以上学历或中级以上专业技术职称；

2. 具有相应的专业技术知识、法律知识、政策水平和良好的职业道德；

3. 经培训考核通过，具备开展技术合同认定登记工作的能力。

第九条 设立登记机构遵循合理布局、方便登记原则，由市场办负责具体实施。区科学技术部门应当在本单位或所属单位设立登记机构。鼓励区科学技术部门根据辖区情况推荐符合条件的单位设立登记机构。

第十条 登记机构不得将技术合同认定登记工作对外委托，不得收取与技术合同认定登记相关的任何费用。

第十一条 市场办依据《北京市技术市场条例》要求对登记机构开展监督检查，按年度对登记机构进行考核。发现问题的，市场办书面通知登记机构整改。登记机构应当在限期内完成整改，其推荐单位应当共同监督落实整改。

第十二条 登记机构连续两年未按要求整改、不符合设立的基本条件或主动申请撤销的，市场办报请市科委、中关村管委会批准后，予以撤销。

第十三条 市场办定期开展技术合同登记相关业务培训。登记机构应当做好登记人员的培养，组织相关人员参加培训，提高登记人员业务能力。

第十四条　登记机构及登记人员应当增强服务意识，创新服务模式，提供规范、便利、高效的政务服务。

第三章　认定登记

第十五条　本市的技术合同认定登记实行卖方一次登记制度，技术合同的卖方为认定登记的申请人。

技术进口合同认定登记的申请人为技术合同的买方。

同一项技术合同不得重复登记。

第十六条　技术合同的卖方是指技术开发合同的研究开发人、技术转让合同的让与人、技术许可合同的许可人、技术咨询或技术服务合同的受托人。

技术合同的买方是指技术开发、技术咨询、技术服务合同的委托人或技术转让合同的受让人、技术许可合同的被许可人。

第十七条　申请人应当在北京技术合同网上登记系统（以下简称登记系统）完成注册。法人或非法人组织持载有统一社会信用代码的有效证件完成注册；自然人持有效身份证件完成注册。

第十八条　申请人应当在登录登记系统后如实填报合同相关信息，在合同有效期内提出认定登记申请。

第十九条　技术进口合同的认定登记工作，由专门登记机构开展。

第二十条　申请人应当自申请之日起 30 日内完成合同报送。合同报送可以通过在线上传、邮寄、现场报送等方式进行。涉及国家秘密的技术合同，应当现场报送纸质材料。

第二十一条　申请人报送的材料应当真实完整、印章齐备、装订整齐、字迹清晰。合同书应当具有明确的合同主体、合同期限、项目名称、技术标的、技术合同成交额、技术交易额等内容，技术内容应当详实、具体。

采用外文订立的技术合同，应当同时提交与原合同释义相同的中文副本以及一致性承诺书等材料。

合同设定有密级的，申请人应当按照有关规定对合同进行脱密。

第二十二条　登记机构应当在合同送达之日起 3 个工作日内做出是否受理的决定。

第二十三条　登记机构应当在受理之日起 10 个工作日内完成合同审查并做出决定。

审查的主要事项为：

1. 申请人提交的合同是否符合国家技术合同认定登记有关规定及相关文件要求；

2. 确认技术合同成交额和技术交易额。

技术合同成交额是指技术合同中申请人收取或支付其他合同当事人的价款、报酬或使用费的总金额。

技术交易额是指从技术合同成交额中扣除非技术性交易金额后的金额。合理数量标的物的直接成本不计入非技术性交易金额。

第二十四条　经审查符合技术合同认定登记要求的，登记机构向申请人出具《技术合同登记证明》；不符合认定登记要求的，不予登记。

第二十五条　技术合同成交额在500万（含）元至3000万元的合同，需经登记机构两名以上登记人员认定通过后登记。技术合同成交额在3000万（含）元以上的合同，登记机构两名以上登记人员初审通过后，经市场办审定通过方可登记。

第二十六条　登记机构或市场办根据申请人提交的材料无法确认合同类型或金额的，可以要求申请人进行材料补正或通过调研充分了解合同内容后再进行确认。

第二十七条　材料补正、调研、市场办审定程序所需时间不计算在前款第二十三条规定的期限内。

第二十八条　已登记的技术合同在登记机构的保管期限为登记之日起5年。

第二十九条　已认定登记的技术合同取得收入后，申请人可以登录登记系统，据实填报收入、成本等财务数据，计算技术性净收入。

技术性净收入按照取得收入的技术交易额部分扣除各项成本费用计算。

第三十条　申请人对合同认定结果有异议的，可以自确认决定作出之日起60日内向市场办书面提出复核申请。市场办在收到复核申请之日起60日内组织专家完成复核。

第三十一条　已认定登记的技术合同，经合同当事人协商一致变更或解除合同的，申请人可以在变更或解除合同之日起90日内向原登记机构提出变更、撤销申请并出具相关依据。依据充分的，登记机构应当在30日内予以变更、撤销登记。

变更、撤销登记的技术合同，合同当事人按照有关规定需补缴税款或返还已得到的政策优惠，应当及时向相关部门申请办理。

第四章　促进与保障

第三十二条　市科委、中关村管委会安排专项资金支持开展技术合同认定登记工作，按照技术市场发展专项资金相关规定执行，由市场办组织实施。

区科学技术部门可根据辖区情况安排专项资金支持开展技术合同认定登记工作。

第三十三条　技术合同经认定登记，按照有关规定，合同当事人可享受优惠政策；《技术合同登记证明》可作为合同当事人开展技术开发、技术转让、技术许可、技术咨询、技术服务工作，投入研究开发费用等情况的证明材料。

第三十四条　职务技术成果转化中签订的技术合同，经认定登记，技术卖方应当按照《北京市技术市场条例》等有关法律法规，奖励直接参加技术研究、开发、咨询和服务的人员。

第五章　法律责任

第三十五条　登记机构不按照规定开展技术合同认定登记工作的，按照《北京市技术市场条例》有关规定处理；涉嫌犯罪的，依法移交司法机关追究刑事责任。

第三十六条　登记人员应当严格履行职责，遵纪守法，公正廉洁。在技术合同认定登记工作中徇私舞弊、收受贿赂、玩忽职守、滥用职权的，按照《北京市技术市场条例》有关规定处理；涉嫌犯罪的，依法移交司法机关追究刑事责任。

第三十七条　登记机构及登记人员应当保守技术合同有关的国家秘密、商业秘密和技术秘密，维护相关技术交易数据安全。泄漏当事人商业秘密的，按照《北京市技术市场条例》有关规定处理；涉嫌犯罪的，依法移交司法机关追究刑事责任。

第三十八条　申请人应当确保在技术合同认定登记过程中提交的信息真实有效。弄虚作假、骗取技术合同登记证明的，按照《北京市技术市场条例》有关规定处理；涉嫌犯罪的，依法移交司法机关追究刑事责任。

第六章　附　则

第三十九条　本办法由市科委、中关村管委会负责解释。

第四十条　本办法自发布之日起施行。市科委、中关村管委会原有关文件与本办法不一致的，以本办法为准。原《北京市技术合同认定登记管理办法》（京科政发〔2002〕622号）、《北京市技术合同登记机构管理办法》（京科政发〔2002〕624号）同时废止。

北京市技术市场条例

（2002年7月18日北京市第十一届人民代表大会常务委员会第三十五次会议通过　根据2016年11月25日北京市第十四届人民代表大会常务委员会第三十一次会议通过的《关于修改部分地方性法规的决定》修正　根据2019年11月27日北京市第十五届人民代表大会常务委员会第十六次会议通过的《关于修改〈北京市实施中华人民共和国节约能源法办法〉等八部地方性法规的决定》修正　根据2021年3月12日北京市第十五届人民代表大会常务委员会第二十九次会议通过的《关于修改部分地方性法规的决定》修正）

目　录

第一章　总　则
第二章　技术市场秩序
第三章　技术市场服务
第四章　促进与保障
第五章　法律责任
第六章　附　则

第一章　总　则

第一条　为促进技术交易，维护技术市场秩序，保障技术交易当事人的合法权益，推动技术进步和经济发展，根据国家有关法律、法规，结合本市实际情况，制定本条例。

第二条　自然人、法人和非法人组织在本市行政区域内从事技术开发、技术转让、技术许可、技术咨询、技术服务等技术交易活动以及其他与技术市场相关的活动，适用本条例。

第三条　一切有益于经济建设、社会发展和科技进步的技术、技术信息，均可以进行交易，但国家另有规定的除外。

技术交易活动不受地区、行业、隶属关系、经济性质和专业范围的限制。

技术交易涉及国家安全、国家秘密的，应当按照国家有关规定办理。

第四条　技术交易当事人在技术交易活动中应当遵守相关法律、法规，尊重社会公德，不得侵犯他人的知识产权，扰乱社会经济秩序，损害社会公共利益。

技术交易当事人的合法权益受法律保护。

第五条　市、区人民政府应当建设公平竞争、规范有序的技术市场环境。

第六条　市科学技术部门是本市技术市场的主管部门，北京技术市场管理办公室在市科学技术部门的领导下，具体负责技术市场的管理、监督工作。

区科学技术部门按照管理权限负责本行政区域内的技术市场管理工作。

第七条　市市场监督管理、商务、财政、发展改革、统计、审计、知识产权等部门，应当依据国家有关法律、法规和本条例的规定，按照各自的职责协同做好技术市场管理工作，在财政、税收等方面扶持技术市场的发展。

第二章　技术市场秩序

第八条　技术交易当事人应当依照《中华人民共和国民法典》的规定订立技术合同。技术合同的内容由当事人约定。

第九条　在技术交易活动中，卖方应当是所提供技术的合法拥有者，并保证其所提供技术的真实性；中介方应当保证自己所提供技术信息的真实性及其来源的合法性；买方应当按照合同约定使用技术，支付费用。

第十条　在技术交易活动中，禁止下列行为：

（一）非法垄断技术和妨碍技术进步的；

（二）侵犯他人专利权、技术秘密以及其他科技成果权的；

（三）作虚假广告、宣传的；

（四）串通投标的；

（五）以欺诈、胁迫等手段签订技术合同的；

（六）法律、法规禁止的其他行为。

第十一条　技术交易买卖双方可以直接交易，也可以通过中介方交易。

技术交易可以采取招标、投标、拍卖等方式进行。政府财政投入为主的科技计划项目适宜招标的，应当招标。

技术交易可以通过互联网进行。

第十二条　技术交易会的举办者不得作虚假宣传，非法牟利。

第十三条　经营、发布技术交易广告，经营者或者发布者应当查验广告内容是否与有关的技术文件、技术鉴定证书等证明材料一致，不得设计、制作、代理和发布内容不实、证明文件不全的广告。

第三章　技术市场服务

第十四条　本市建立和完善专业化、社会化和网络化的技术交易服务体系。

鼓励兴办各类技术交易中介服务机构，为技术交易提供场所、技术信息、技术论证、技术评估、技术经纪、技术产权交易、技术招标代理等服务。

第十五条　技术交易中介服务机构应当依法注册或者登记，国家对资质另有规定的，从其规定。

技术交易中介服务机构应当遵循诚实信用原则，依照法律、法规以及行业规范开展技术交易服务活动。

第十六条　技术经纪人在经纪活动中应当将定约机会和交易情况如实、及时地提供给当事人各方，真实反映当事人各方的履约能力、知识产权情况，按照约定为当事人保守商业秘密，协调技术合同的全面履行。

本条例所称的技术经纪人是指为促成他人技术交易而从事中介、行纪或者代理活动，并取得合理佣金的自然人、法人和非法人组织。

第十七条　从事技术经纪业务的人员应当经过培训。从事技术经纪业务的机构应当按照国家规定办理相关手续。

第十八条　本市设立技术产权交易机构，依法开展技术成果入股、高新技术企业产权转让、高新技术企业的增资扩股以及含有技术参与的并购业务，促进技术成果与资本的结合。

第十九条　技术市场各类行业协会应当依据协会章程开展活动，并对会员进行职业道德、行为规范以及执业技能等自律性管理，提供技术交易信用服务，定期公布技术交易当事人的信誉信息。

第二十条　市科学技术部门应当建设技术市场信息网络平台，收集、发布技术成果供求信息，拓宽信息渠道，实现技术交易信息资源共享。

第四章　促进与保障

第二十一条　技术合同经认定登记，当事人可以按照国家和本市的规定享受优惠政策。

从境外引进技术所订立的合同，当事人凭商务部门出具的技术转让合同批准文件，可以按照国家的规定享受税收优惠政策。

第二十二条　技术合同生效后，技术交易的卖方、中介方可以向技术合同登记机构申请认定登记。申请技术合同认定登记应当提供真实、完整的中文书面技术合同文本和相关附件。技术合同登记机构应当在受理认定登记申请之日起三十日内，依照有关规定予以认定登记。当事人对不予认定登记有异议的，可以向北京技术市场管理办公室申请复核。

以数据电文形式订立的技术合同，当事人申请认定登记的，应当出具纸介形式的合同文本。

同一项技术合同不得重复登记。

第二十三条　以技术入股方式订立的合同，可以按照技术转让合同认定登记。

以技术开发、技术转让、技术许可、技术咨询、技术服务为内容的技术承包和技术产权交易合同，可以根据合同内容确定合同的类型，予以认定登记。

第二十四条　以技术成果作价出资的，其作价金额可以由交易双方协商约定。但法律或者行政法规另有规定的，从其规定。

第二十五条　技术交易当事人持技术合同登记机构的登记证明，向主管财政、税务部门提出申请，经审核批准，其技术交易的收入享受国家规定的税收优惠政策。

第二十六条　从事与技术开发、技术转让、技术许可相关的技术中介服务的收入，经认定，可以视同技术开发、技术转让、技术许可收入对待，享受国家及本市规定的优惠政策。

第二十七条　经认定登记的技术合同，属于职务技术成果的，卖方应当按照《中华人民共和国促进科技成果转化法》、相关法律、法规和本市有关规定，奖励直接参加技术研究、开发、咨询和服务的人员。

经认定登记的技术合同，买方可以在实施该项技术的新增收益中提取一定比例，奖励为实施技术做出重要贡献的人员。

奖励费用按照国家和本市有关规定列支，凭技术合同登记机构的登记证明和本单位出具的证明到单位基本账户银行提取现金。

第二十八条　企业单位支付的技术价款、报酬、使用费或者佣金，可以按照国家有关规定摊入成本。

事业单位支付的技术价款、报酬、使用费或者佣金，可以按照国家有关规定在事业费中列支。

第二十九条　技术合同登记机构由市科学技术部门批准设立和撤销，并予以公布。

技术合同登记机构及其工作人员对涉及国家秘密及当事人商业秘密的技术合同，应当承担保密义务。

技术合同登记机构应当按照规定上报有关统计数据。

技术合同登记机构不得从事经营活动。

第三十条　市科学技术部门应当定期进行技术市场的统计和分析，为政府制定政策提供依据。

第三十一条　市科学技术部门应当安排专项资金，用于组织技术交流、交易活动和技术市场的基础性建设，以及技术市场的宣传、培训、理论研究和法制建设，支持技术市场发展。

第五章　法律责任

第三十二条　违反本条例的行为，法律、行政法规已经规定法律责任的，依照其规定追究法律责任。

第三十三条　违反本条例第九条规定，提供虚假技术或者技术信息的，由市或者区科学技术部门或者市场监督管理部门没收违法所得，可以并处违法所得一倍以上五倍以下的罚款；给当事人造成损失的，依法承担民事责任。

第三十四条　违反本条例第十二条规定，技术交易会的举办者通过虚假宣传非法牟利的，由市科学技术部门没收违法所得，可以并处违法所得一倍以上三倍以下的罚款。

第三十五条　违反本条例第二十二条规定，以不正当手段骗取技术合同登记证明的，由市科学技术部门责令技术合同登记机构撤销登记证明，并可以对当事人处五千元以上一万元以下的罚款；已经享受优惠政策的，由市科学技术部门通知有关部门予以查处。

第三十六条　违反本条例规定，技术合同登记机构有下列行为之一的，市科学技术部门应当予以警告并责令其限期改正；情节严重的，予以撤销并公告：

（一）不按照规定开展技术合同认定登记工作的；

（二）从事经营活动的；

（三）迟报、拒报或者提供不真实统计材料的；

（四）泄漏当事人商业秘密的。

第三十七条　国家工作人员在技术市场管理工作中徇私舞弊、收受贿赂、玩忽职守、滥用职权的，由所在单位或者上级主管部门给予处分；情节严重、构成犯罪的，依法追究刑事责任。

第三十八条　技术交易当事人之间的经济纠纷，当事人依合同约定或者事后协议可以依法向仲裁机构申请仲裁；合同没有约定仲裁条款或者事后没有达成仲裁协议的，当事人可以向人民法院提起民事诉讼。

第六章　附　则

第三十九条　本条例自 2002 年 11 月 1 日起施行。1994 年 10 月 20 日北京市第十届人民代表大会常务委员会第十三次会议通过的《北京市技术市场管理条例》同时废止。

关于印发《内蒙古自治区技术转移服务机构管理办法》的通知

内科成字〔2022〕34号

各盟市科技局、满洲里市工信和科技局、二连浩特市教育科技局，各国家高新区管委会，各高等院校、科研院所，各有关单位：

为贯彻落实《内蒙古自治区促进科技成果转化条例》《内蒙古自治区技术转移体系建设实施方案》，引导和支持市场化、专业化技术转移服务机构发展，我厅制定了《内蒙古自治区技术转移服务机构管理办法》。现印发给你们，请遵照执行。

内蒙古自治区科学技术厅

2022年5月27日

内蒙古自治区技术转移服务机构管理办法

第一章 总 则

第一条 为推深做实"科技兴蒙"行动，促进科技成果转移转化，引导和支持市场化、专业化技术转移服务机构发展，根据《国家技术转移示范机构管理办法》（国科发火字〔2007〕565号）、《内蒙古自治区促进科技成果转化条例》、《内蒙古自治区技术转移体系建设实施方案》（内政发〔2018〕44号），制定本办法。

第二条 本办法所指的内蒙古自治区技术转移服务机构（以下简称技术转移服务机构），是指经自治区科技厅备案的、为实现和加速技术转移提供各类服务的专业服务机构，以及经自治区科技厅、内蒙古税务局授权设立的技术合同认定登记机构。

技术转移服务机构应为独立法人机构或法人的内设机构。

第三条 专业服务机构的业务范围按照《技术转移服务规范》国家标准规定，包括但不限于提供技术开发、技术转让、技术许可、技术咨询、技术评价、技术投融资、"互联网＋"技术转移等服务。

技术合同认定登记机构的业务范围按照国家《技术合同认定登记管理办法》规定，包括技术合同认定登记及政策宣讲、业务培训和统计分析等服务。

第四条　自治区科技厅是技术转移服务机构的宏观管理部门，负责专业服务机构的备案、技术合同认定登记机构的设立及其服务业绩评价。各盟市科技局、国家高新区管委会、自治区各高校、科研院所是本地区、本单位技术转移服务机构的归口管理部门，负责机构的日常管理和业务指导工作。

第二章　专业服务机构备案条件和程序

第五条　申请备案专业服务机构需满足以下条件：

（一）申报单位在自治区登记注册时间不少于1年；

（二）有符合条件的经营场所，有满足经营需求的办公设备和条件；

（三）拥有专业化的技术转移服务团队，从业人员中有经过国家技术转移专业人员能力等级培训的技术经纪人2名以上；

（四）执行《技术转移服务规范》国家标准，有规范的服务规程和服务质量保障措施；

（五）有较好的服务业绩，经营状况良好。独立法人机构上年度营业收入不低于50万元，其中技术转移主营业务收入不低于30万元。

（六）符合科研诚信要求。

第六条　专业服务机构备案工作按以下程序办理：

（一）自治区科技厅下发通知，申报单位根据通知要求填写《内蒙古自治区专业技术转移服务机构备案申报书》，报归口管理部门审核；

（二）归口管理部门对申报书的真实性、准确性、完整性进行审核，组织现场考察和论证，合格的连同推荐文件一起报送自治区科技厅；

（三）自治区科技厅对申报材料进行审核，合格的经公示无异议后予以备案，并向社会公布。

第三章　技术合同认定登记机构设立条件和程序

第七条　申请设立技术合同认定登记机构需满足以下条件：

（一）申报单位应为盟市、旗县区、高新区科技管理部门所属事业单位，或自治区公立高校、科研院所负责科技成果转移转化相关工作的内设部门。

（二）具备必要的办公场所和办公设施；

（三）具备至少1名获得科技部火炬中心颁发的技术合同认定登记证书的技术合同登记员；

（四）符合科研诚信要求。

第八条　设立技术合同认定登记机构按以下程序办理：

（一）自治区科技厅下发通知，申报单位根据通知要求填写《内蒙古自治区技术合同认定登记机构申报书》，报归口管理部门审核；

（二）归口管理部门对申报书的真实性、准确性、完整性进行审核，组织现场考察和论证，合格的连同推荐文件一起报送自治区科技厅；

（三）自治区科技厅对申报材料进行审核，合格的经公示无异议后，会同自治区税务局予以授权设立，并报科技部火炬中心备案。

第四章　服务业绩考核评价和政策支持

第九条　自治区科技厅每年组织对技术转移服务机构进行服务业绩考核评价。考核评价依据《内蒙古自治区技术转移服务机构评价指标体系》，采取定性评价和定量评价相结合的办法进行。其中专业服务机构按业务领域分类评价，同一机构按照《技术转移服务规范》国家标准开展不同类型业务取得的服务业绩可累计计分。

第十条　按照服务业绩考核评价得分对两类技术转移服务机构分别划分等级。一级占比15%，二级占比25%，三级一般占比55%，不合格一般占比5%。

第十一条　对考核评价为一级、二级的技术转移服务机构，按规定给予后补助支持，通过技术市场等平台向区内外宣传推广。

第十二条　对连续两年服务业绩考核评价不合格的专业服务机构，取消技术转移服务机构资格，取消后两年内不得再次申请备案。对连续两年服务业绩评价不合格技术合同认定登记机构进行通报，限期一年整改，整改后仍不合格的取消技术转移服务机构资格，取消后两年内不得再次申请设立。因技术合同登记员调离等原因暂时不能开展工作的技术合同认定登记机构，经归口管理部门同意并报自治区科技厅批准，可不纳入当年服务业绩考核评价。

第十三条　技术转移服务机构应如实提供服务业绩评价所需资料和数据。对提供虚假资料的，按《内蒙古自治区促进科技成果转化条例》相关规定处理。

第五章　附　则

第十四条　本办法由自治区科技厅负责解释。

第十五条　本办法自发布之日起施行。2020年印发的《内蒙古自治区技术转移服务机构管理办法（试行）》同时废止。

关于印发《上海市科技成果转化创新改革试点实施方案》的通知

沪科规〔2023〕9号

各有关单位：

为深化科技成果使用权、处置权和收益权改革，充分激发科研人员创新创造活力，促进科技成果转移转化，根据国家和本市有关政策，结合本市前期相关试点成效和经验，现印发《上海市科技成果转化创新改革试点实施方案》，请结合实际积极参与试点，认真贯彻实施。

上海市科学技术委员会

上海市教育委员会

上海市卫生健康委员会

上海市发展和改革委员会

上海市财政局

上海市人力资源和社会保障局

上海市知识产权局

2023年7月31日

上海市科技成果转化创新改革试点实施方案

为贯彻党的二十大精神，按照十二届市委三次全会部署，深化科技成果使用权、处置权和收益权改革，充分激发科研人员创新创造活力，促进科技成果转移转化，根据《"十四五"技术要素市场专项规划》《关于本市进一步放权松绑激发科技创新活力的若干意见》等文件精神，现就开展本市科技成果转化创新改革试点制定本实施方案。

一、总体要求

（一）指导思想

以习近平新时代中国特色社会主义思想为指导，全面贯彻党的二十大精神，把握加快建设具有全球影响力的科技创新中心契机，深入实施创新驱动发展战略，树立科技成果只有转化才能真正实现创新价值、不转化是最大损失的理念，创新促进科技成果转化的机制和模式，着力破除制约科技成果转化的障碍和藩篱，促进科技与经济深度融合。

（二）基本原则

夯实责任，增强动力。充分总结本市前期相关改革试点经验，形成推广举措；强化试点单位主体责任，提升参与试点的主动性。

市场决定，政府引导。遵循市场经济和科技创新规律，充分发挥市场配置资源的决定性作用，实现效益最大化和效率最优化。政府加强组织协调、政策引导、服务保障，实行审慎包容监管。

问题导向，精准施策。聚焦科技成果转化的"细绳子"堵点问题，注重改革举措的可操作性，统筹协调更多技术要素市场资源、汇聚更多专业力量，予以支撑保障。

（三）试点对象

面向本市改革试点意愿强烈、转化机制完备、科技成果转化示范作用突出的高等院校、科研院所和医疗卫生机构等科研事业单位，鼓励中央在沪科研事业单位参与实施。

二、主要任务

科技成果转化创新改革试点将围绕科技成果产权制度改革、科技成果运营管理、科技成果转化合规保障3个方面，包括7项改革试点任务、1项保障任务。

（一）赋予科研人员职务科技成果所有权

试点单位科研人员完成的职务科技成果所有权属于单位，为国有资产。深化科技成果产权制度改革，在明确单位科技成果转化权益前提下，试点实施职务科技成果全部或部分赋予成果完成人。试点单位可结合本单位实际，将单位所持有的职务科技成果所有权部分赋予成果完成人，试点单位与成果完成人成为共同所有权人；也可将留存的所有权份额，以技术转让的方式让渡给成果完成人，科研人员获得全部所有权后，自主转化。对可能影响国家安全、国防安全、公共安全、经济安全、社会稳定等事关国家利益和重大社会公共利益，以及涉及国家秘密的职务科技成果，不纳入赋权范围。

科技成果完成人应与团队内部协商一致，书面约定内部收益分配比例等事项，指定代表向单位提出赋权申请，试点单位进行审批并在单位内公示，公示期不少于 15 日。试点单位应与成果完成人签署书面协议，合理约定转化科技成果收益分配比例、转化决策机制、转化费用分担以及知识产权维持费用等，明确职务科技成果各方的权利和义务。

（二）赋予科研人员职务科技成果长期使用权

试点单位可赋予科研人员不低于 10 年的职务科技成果长期使用权。科技成果完成人应向单位申请并提交成果转化实施方案，由其单独或与其他单位共同实施该项科技成果转化。试点单位进行审批并在单位内公示，公示期不少于 15 日。试点单位与科技成果完成人应签署书面协议，合理约定成果收益分配等事项。在科研人员履行协议、科技成果转化取得积极进展、收益情况良好的情况下，试点单位可进一步延长科研人员长期使用权期限。试点结束后，试点期内签署生效的长期使用权协议应当按照协议约定继续履行。

（三）建立职务科技成果单列管理制度

充分赋予试点单位科技成果管理自主权，支持市级试点单位按照市级事业单位有关促进科技成果转化的简政放权国有资产管理政策，开展职务科技成果单列管理，中央在沪单位结合实际进行积极探索。

试点单位应遵循科技成果转化规律，落实职能部门、优化管理流程、完善考核方式，探索建立区别一般国有资产的科技成果资产管理制度，开展台账登记、权利维护、成果放弃等贯穿科技成果转化全链条的成果管理，完善科技成果资产确认、使用和处置等规范化的资产管理，建立健全市场导向的价值评估路径，推动科技成果管理从"行政控制资产"向"市场配置资源"转变。

试点单位将科技成果转让、许可或作价投资给国有全资企业的，可以不进行资产评估。试点单位将其持有的科技成果转让、许可或作价投资给非国有全资企业的，由单位自主决定是否进行资产评估。转化科技成果所获得的收入全部留归试点单位，纳入单位预算，不上缴国库，由单位用于科学技术研究开发与成果转化等相关工作。

（四）建立专业高效的科技成果运营机制

试点单位应建立专门的技术转移机构（部门），加强经费保障。技术转移机构（部门）应建立专业高效、机制灵活、模式多样的科技成果运营服务体系，积极与第三方专业技术转移机构合作，建立利益分享机制，共同开展专利申请前成果披露、转化价值评估、转化路径设计、知识产权保护、技术投融资等服务，或委托其开展专利等科技成果的集中托管运营。

（五）建立科技成果转化相关人员激励制度

试点单位应建立健全科技成果转化相关人员的岗位保障和职级晋升制度，根据科技成果转化和专业服务人员的人才特点，分类建立岗位考核、职称晋升机制。有条件的高校可开展技术转移方向学历教育，加强技术转移人才储备。

（六）建立科研人员创业企业发展通道

建立产权界定清晰、收益分配明确的合规发展机制，支持试点单位通过赋予科研人员职务科技成果所有权或长期使用权方式，进一步打通科研人员创办企业的通道。允许试点单位对过往利用单位职务科技成果自主创办企业进行合规整改。

（七）建立科技成果转化尽职免责制度

试点单位应夯实科技成果转化主体责任，明确在科技成果转化过程中的责任主体、责任范围、免责范围、免责方式、负面清单等事项，落实"三个区分开来"的原则，形成符合单位实际的尽职免责制度。

（八）建立科技成果市场化评价与合规交易保障机制

本市技术交易场所应主动服务试点单位创新改革事项，建立适用科技成果单列管理等任务落实的科技成果权益登记服务制度，保障试点单位合规免责交易；建立合理可行的科技成果市场化评价机制，联动一批具有技术价值评估能力的专业机构，推动成果价值发现，支撑成果持有方转化决策和资金方投资决策。

三、试点要求

（一）加强组织实施

试点单位应高度重视试点工作，成立科技成果转化领导小组或专项领导小组，做好单位内部科研、财务、国资、人事、纪检、审计等部门组织协调工作。

（二）制定管理制度

试点单位应结合实际，对照任务事项开展试点，在试点后1年内建立配套管理制度，包括不同赋权方式的工作流程、决策机制、科技成果单列管理制度、尽职免责制度等；健全职务科技成果归属及转化收益分配、科研人员创业等机制。

（三）强化支撑保障

试点单位应依托单位技术转移机构（部门）或指定相关管理机构落实试点任务。依托机构（部门）应主动挖掘可转化成果，联合第三方专业技术转移机构，做好成果转化服务，加强与大学科技园等孵化载体的协同，为转化成果形成衍生公司提供载体支撑。

（四）及时总结报告

试点单位应做好试点工作总结，通过年度报告制度、技术合同登记等方式，按要求报告年度试点执行情况，及时梳理典型举措和存在问题。

四、试点保障

（一）加强组织协调

在市促进科技成果转移转化联席会议制度下，市科委会同市相关部门建立改革试点工作专题推进组，做好与国家有关部门的沟通协调工作。至少每季度召开试点单位专题交流会，对试点单位碰到的问题和偏差，及时予以解决和修正。对试点单位形成的经验举措，及时总结评估，做好经验推广。

（二）加强资源配置

加强对试点单位的指导与服务，强化对试点单位及其成果转化活动的政策引导、资源配置。引导试点单位组建试点单位联盟，导入各类专业技术转移机构、平台资源，形成经验分享、相互学习、合作共赢的开放氛围。依托国家技术转移人才培养基地等平台，为技术转移方向学历教育和非学历技术经理人培养提供专业课程、实训基地，根据试点单位实际需要，优先配备实习技术经理人。

（三）审慎包容监管

在坚守底线思维前提下，允许创新试错、市场自我纠偏。市科委会同市相关部门建立尽职免责制度指引、职务科技成果单列管理操作指引（附件1、2），确保改革试点工作落实见效，激发试点单位的转化积极性和科研人员干事创业的主动性、创造性。

五、试点安排

（一）试点期限

试点启动后3年。

（二）申报流程

市科委经与市相关部门协商后，根据本实施方案发布试点通知。申报单位按照通知要求，编制试点实施方案，市科委联合相关委办局组织专家论证后，发文明确试点单位名单。

附件：1.上海市科技成果转化尽职免责制度指引
　　　2.上海市职务科技成果单列管理操作指引

附件1

上海市科技成果转化尽职免责制度指引

第一条 （依据）为落实《"十四五"技术要素市场专项规划》《上海市促进科技成果转化条例》《上海市推进科技创新中心建设条例》等文件精神，推广本市相关改革试点经验，结合本市实际情况，制定本指引。

第二条 （目的）着力破除制约科技成果转化的障碍和藩篱，消除科研人员、管理人员和领导人员开展科技成果转化的顾虑，激发试点单位的转化积极性和科研人员干事创业的主动性、创造性，进一步推动科技成果转化，促进科技与经济深度融合。

第三条 （原则）树立科技成果只有转化才能真正实现创新价值、不转化是最大损失的理念，落实"三个区分开来"的原则，把因缺乏经验先行先试出现的失误与明知故犯行为区分开来，把国家尚无明确规定时的探索性行为与国家明令禁止后的有规不依行为区分开来，把为推动改革的无意过失与谋取私利的故意行为区分开来。

第四条 （保障）试点单位应夯实科技成果转化主体责任，做好单位内部科研、财务、国资、人事、纪检、审计等部门组织协调工作，明确在科技成果转化过程中的责任主体、责任范围、免责范围、免责方式等。

第五条 （对象）本指引适用于纳入本次创新改革试点的单位，以及其参与科技成果转化业务及管理、服务、决策等活动的科研人员（科技成果完成人）、管理人员、领导人员（统称"成果转化参与人员"）。其他科研事业单位可参照执行。

第六条 （尽职免责范围）成果转化参与人员根据法律法规和本单位依法制定的规章制度，开展科技成果转化工作，履行了民主决策程序、合理注意义务和监督管理职责的，即视为已履行勤勉尽责义务。符合以下情形之一的，不予追究相关人员决策失误责任。

（一）科研人员在完成科技成果之后，及时向本单位披露科技成果情况，经审核后，认为不应以试点单位名义申请、登记知识产权，据此放弃申请、登记知识产权导致单位利益受损的。

（二）管理人员和领导人员已经按照相关规定履行了通知、告知、公示等程序，仍因对已经授权的科技成果进行放弃，导致试点单位利益受损的。

（三）管理人员和领导人员在科技成果转化过程中，虽已履行关联交易相关规定程序，但仍因科研人员在成果转化中存在关联交易导致试点单位利益受损的。

（四）管理人员和领导人员通过技术交易市场挂牌交易、拍卖等方式确定价格，或者通过协议定价并在本单位及技术交易市场公示拟交易价格，但科技成果后续产生较大的价值变化，导致试点单位利益受损的。

（五）管理人员和领导人员在赋予科研人员职务科技成果所有权中，对于协议约定取得成果转化收益情形的，按照规定程序将赋权成果转让给全资国有企业及科研人员，因创业企业经营不善或创业失败，导致单位国有资产减损或无法收回收益的。

（六）管理人员和领导人员在赋予科研人员职务科技成果长期使用权或所有权过程中，按照规定程序将赋权成果许可或转让给科研人员，因科研人员创业失败，导致单位无法收回收益的。

（七）管理人员和领导人员在科技成果转化过程中，虽已履行公示等相关规定程序，仍因科技成果转化活动引起科技成果权属争议、奖酬分配争议，给单位造成纠纷或不良影响的。

（八）按照国家和本市科技成果转化改革试点要求，管理人员和领导人员探索科技成果转化的具体路径和模式，先行先试开展科技成果转化活动，仍给试点单位造成损失的。

（九）在推动科技成果转化过程中，科研人员、管理人员和领导人员依法按照规章制度、内控机制、规范流程开展其他有利于试点单位开展科技成果转化活动，仍给试点单位造成其他损失或不良影响的。

第七条 （负面清单）职务科技成果有以下相关情形之一的，不可赋权。

（一）职务科技成果可能影响国家安全、国防安全、公共安全、经济安全、社会稳定等事关国家利益和大额社会公共利益。

（二）职务科技成果涉及国家秘密，在解密或降密之前。

（三）职务科技成果未严格遵守科技伦理规定，无法确保科技成果转化应用安全可控。

（四）职务科技成果不具备权属清晰、应用前景明朗、承接对象明确、转化意愿强烈等条件。

成果转化参与人员在改革试点中不得有以下相关行为：

（一）从事科技成果转化的科研人员违反科学道德、科技伦理和职业道德规范，未严格执行科学技术保密要求，未经试点单位允许利用职务科技成果创办企业。

（二）从事科技成果转化的科研人员，将职务科技成果及其技术资料和数据占为己有，侵犯试点单位的合法权益；或者以唆使窃取、利诱胁迫等手段侵占他人科技成果，侵犯他人合法权益。

（三）参与科技成果转化的领导人员、管理人员违反科学道德、科技伦理和职业道德规范，或利用职务之便，干扰或阻碍科技成果转化工作，或擅自披露、使用或转让科技成果的关键技术。

（四）成果转化参与人员玩忽职守、以权谋私。以任何名目和理由向科技成果转化实施者索要或收受可能影响成果评价与转化行为的礼品、礼金（含有价券）和礼物或提供有偿服务；或利用职权或职务上的影响，为配偶、子女及其配偶等亲属和其他特定关系人员在科技成果转化行为中提供便利和优惠条件；或在医疗卫生机构后续成果转化产品进入本单位销售或使用过程中，存在滥用职权、违规审批、违规采购等行为。

（五）承担科技成果转化业务的领导人员、管理人员，违反任职回避和履职回避等相关规定。

第八条　（尽职调查）试点单位需建立尽职免责启动程序和规则，在开展尽职免责调查时，应以事实为依据，以制度规定和法律法规为准绳，认真细致开展调查，客观公正收集证据材料，充分听取各方面意见建议，科学作出尽职免责认定结论。

第九条　（指引解释）本指引由上海市科学技术委员会、上海市教育委员会、上海市卫生健康委员会予以解释。

第十条　（实施期限）本指引在实施方案有效期内施行。

附件2

上海市职务科技成果单列管理操作指引

第一条　（依据）为落实《"十四五"技术要素市场专项规划》等文件精神，按照政府会计准则制度相关要求，结合本市实际情况，制定本指引。

第二条　（目的）探索形成与科技成果转化规律相适应的国有资产管理模式，引导试点单位相关部门统筹协同，建立切实可行的单位职务科技成果专门管理制度和监管机制，确保不会造成重大违法违规风险和资产损失风险。

第三条　（原则）试点单位自行研究开发形成的科技成果，并形成专利权、非专利技术等无形资产，属于国有资产。试点单位享有科技成果管理自主权，在满足政府会计准则制度相关要求基础上，遵循科技成果转化规律，合理合规科学开展科技成果单列管理。

第四条　（主体）本指引适用于纳入本次创新改革试点的单位。试点单位应强化主体责任，落实技术转移机构（部门）牵头，协调科研、财务、国资、纪检等部门，根据职务科技成果的研究和开发特点及属性，对科技成果进行台账管理，对无形资产开展资产确认、使用、处置等过程管理。其他科研事业单位可参照执行。

第五条　（范围）本指引所称科技成果的形式包括专利权、软件著作权、植物新品种权、集成电路布图设计专有权等按法律程序已申请取得相关知识产权的成果（统称"授权成果"），也包括专利申请权、专有技术等尚未申请但由试点单位享有权利的成果（统称"未授权成果"）。

第六条　（成果披露）科技成果完成人应及时向试点单位技术转移机构（部门）披露科技成果，

披露的信息包括科技成果基本信息、研究开发情况、市场应用前景等。利用财政资金等单位外部资金设立的科研项目，应提交科研计划项目合同及任务书等材料，利用单位自有资金设立的科研项目，应提交研发计划书等材料。

第七条 （审核登记）技术转移机构（部门）对该科技成果进行审核，审核通过的予以登记，并对成果属性、成果阶段、转化状态等信息进行台账标记。

科技成果台账标记可包括以下内容：属性标记包括授权成果、未授权成果；阶段标记分为研究阶段、开发阶段、无法区分研究或开发阶段；转化状态标记分为未转化、意向转化、已转化，其中已转化还可以根据技术迭代、多次许可等特点标记转化频次。

第八条 （阶段分类）科技成果在进行所处阶段标记时，可从以下方面实施。

（一）研发活动起始点判断。技术转移机构（部门）可根据项目进展情况判断科技成果开展研发活动的起始点。例如，利用财政资金等设立的科研项目，可以将立项之日作为起点；利用其他企事业单位资金设立的科研项目，可以将合同签订之日作为起点；利用试点单位自有资金设立的科研项目，可以将单位决策机构批准同意立项之日，或科研人员将研发计划书提交单位科研管理部门审核通过之日作为起点。

（二）开发阶段判断。根据《政府会计准则制度解释第 4 号》规定，当科技成果同时满足进入开发阶段条件时，试点单位可以认定该科技成果进入开发阶段。在认定过程中应当有相关证据支持作为辅助判断，如以科技成果转化为目的技术评估报告、对科技成果有明确受让单位或转化意向合同、技术合同登记证明、本市技术交易场所出具的技术交易凭证等相关证明材料。

在没有明确证据无法进行开发阶段判断的，则认定为研究阶段。

第九条 （分类管理）试点单位技术转移机构（部门）可依据以下情形进行分类标记管理，财务部门依据成果阶段的分类标记进行财务记账处理。

（一）未获知识产权证书或已获知识产权证书，但无明确转化意向的成果，标记为研究阶段。

（二）有明确转化意向或签订转化合同等同时满足开发阶段条件的成果，标记为开发阶段。

第十条 （资产价值确认）科技成果处于研究阶段时，不确认无形资产，发生的支出由财务部门根据科技成果完成人的申请，直接计入当期费用。科技成果进入开发阶段后，发生的支出先按合理方法进行归集，如果最终形成无形资产的，应当确认为无形资产；如果最终未形成无形资产的，应当计入当期费用。科技成果尚未进入开发阶段，或确实无法区分研究阶段支出和开发阶段支出，但按法律程序已申请取得无形资产的，应将依法取得时发生的注册费、聘请律师费等费用确认为无形资产。

第十一条 （资产处置）科技成果处于开发阶段或因成果转让致使试点单位不再拥有权利的，由技术转移机构（部门）核实转化履约情况、权属变更原因、成果法律状态等情况，交财务部门进行无形资产账务处理。

科技成果完成人放弃维持或因其他原因主动放弃权利的科技成果，由技术转移机构（部门）进行公示，公示期满即为自动放弃。完成人申请放弃的科技成果已经确定为无形资产的，由技术转移机构（部门）审核后，交财务部门进行无形资产账务处理。

第十二条 （定期机制）试点单位技术转移机构（部门）加强科技成果国有资产的常态化管理，并与财务、国资等部门形成定期处理机制，每年固定时间前将上一年度的科技成果国有资产情况报送财务、国资等部门集中处理。

第十三条 （服务委托）本市技术交易场所应发挥技术权益登记服务平台功能，在进场交易科技成果阶段分类、资产价值确认、资产处置等环节，提供科技成果确权、确价等方面的交易支撑，其出具的进场交易相关专有技术或专利申请确权凭证、公示证明、交割凭证、评价报告等，可作为试点单位科技成果单列管理的过程材料。

鼓励第三方专业技术转移机构为科技成果单列管理提供服务，通过收取服务费用、服务换股权等方式，开展专利申请前成果披露、转化价值评估、转化路径设计、知识产权保护、技术投融资等服务，或开展专利等科技成果的集中托管运营。

第十四条 （包容监管）单位内部纪检、审计会同财务、国资等部门应以是否符合中央精神和改革方向、是否有利于促进高质量科技成果服务经济发展，作为对科技成果转化活动的定性判断标准，实行审慎包容监管，并配合技术转移机构（部门）建立职务科技成果单列管理制度，确保不会造成重大违法违规风险和资产损失风险。在试点单位开展国有资产管理和接受外部监管时，单列反映有关科技成果资产管理的情况。

第十五条 （指引解释）本指引由上海市科学技术委员会、上海市教育委员会、上海市卫生健康委员会、上海市财政局予以解释。

第十六条 （实施期限）本指引在实施方案有效期内施行。

浙江省科学技术厅等 6 部门关于印发《浙江省扩大赋予科研人员职务科技成果所有权或长期使用权试点范围实施方案》的通知

浙科发成〔2022〕29 号

各设区市科技局、发展改革委、教育局、财政局、卫生健康委、国资委，各高校院所、医疗卫生机构、国有企业等有关单位：

为贯彻落实省第十五次党代会和全省科技创新大会精神，进一步深化科技创新体制机制改革、促进科技成果转移转化，深入推进赋予科研人员职务科技成果所有权或长期使用权试点工作，现将《浙江省扩大赋予科研人员职务科技成果所有权或长期使用权试点范围实施方案》印发你们，请认真贯彻执行。

浙江省科学技术厅

浙江省发展和改革委员会

浙江省教育厅

浙江省财政厅

浙江省卫生健康委员会

浙江省人民政府国有资产监督管理委员会

2022 年 8 月 26 日

浙江省扩大赋予科研人员职务科技成果所有权或长期使用权试点范围实施方案

为贯彻落实科技部等 9 部门《赋予科研人员职务科技成果所有权或长期使用权试点实施方案》（国科发区〔2020〕128 号）和科技部、浙江省政府印发的《推动高质量发展建设共同富裕示范区科技创新行动方案》（国科发区〔2022〕13 号）等文件精神，深化科技成果使用权、处置权和收益权改革，进一步激发科研人员创新热情，健全以知识价值为导向的分配机制，促进科技成果转移转化，现就扩大赋予科研人员职务科技成果所有权或长期使用权试点范围制定本实施方案。

一、总体要求

（一）指导思想

以习近平新时代中国特色社会主义思想为指导，深入贯彻党的十九大及十九届历次全会、省第十五次党代会和全省科技创新大会等精神，全面实施科技创新和人才强省首位战略，坚持"四个面向"，树立科技成果只有转化才能真正实现创新价值、不转化是最大损失的理念，创新促进科技成果转化的机制和模式，着力破除制约科技成果转化的障碍和藩篱，通过赋予科研人员职务科技成果所有权或长期使用权实施产权激励，完善科技成果转化激励政策，充分激发科研人员创新创造活力，推动科技成果加快向现实生产力转化，为"两个先行"提供强大科技支撑。

（二）基本原则

——坚持创新制胜。聚焦三大科创高地和"315"国家战略力量体系建设，坚持将创新制胜理念贯穿改革全过程，推动改革创新和科技创新融合互促，在国有资产管理、落实尽职免责、产学研合作等关键环节积极探索浙江路径、贡献浙江力量。

——坚持变革重塑。落实全面深化改革、共同富裕改革、数字化改革一体推进的要求，针对职务科技成果转化制度性障碍、政策性束缚和机制性问题，对成果转化进行流程再造、模式重构、制度重塑，以系统性变革推动成果转化质量整体性提升。

——坚持激励引导。以提升科研人员获得感为目标，建立健全以知识价值为导向的分配机制，在充分尊重科研人员意愿的前提下，采取"先赋权后转化"或"先转化后奖励"等激励方式，探索并打通科技成果作价投资、科研人员兼职创业等路径，充分调动科研人员成果转化主动性积极性。

——坚持实绩实效。以创新质量、贡献、绩效为牵引，坚持实绩实效论英雄，建立常态化、规范化的申报受理机制和多跨协同、上下贯通的统筹推进机制，加强改革试点闭环管理，优化改革绩效评价和科技成果评价方式，推动形成全社会共抓改革创新、共享改革成果的生动局面。

（三）主要目标

在前期部分单位试点的基础上，逐步将赋权改革试点范围扩大至全省域，探索建立赋予科研人员职务科技成果所有权或长期使用权的机制和模式，形成可复制、可推广的经验和做法，推动完善相关法律法规和政策措施，进一步激发科研人员创新积极性，促进科技成果转移转化。

二、试点主要任务

（一）赋予科研人员职务科技成果所有权

1. 试点单位可将利用财政性资金形成、利用单位物质技术条件形成或接受企业、其他社会组织委托形成的归单位所有的职务科技成果所有权赋予科技成果完成人（团队），试点单位与科技成果完成人（团队）成为共同所有权人。

2. 赋权成果应具备权属清晰、应用前景明朗、承接对象明确、科研人员转化意愿强烈等条件。成果类型包括专利权、计算机软件著作权、集成电路布图设计专有权、植物新品种权，以及生物医药新品种和技术秘密等。对可能影响国家安全、国防安全、公共安全、经济安全、社会稳定等事关国家利益和重大社会公共利益的成果暂不纳入赋权范围。试点单位要建立完善赋权成果的负面清单制度。

3. 科技成果完成人（团队）应在团队内部协商一致，书面约定内部收益分配比例等事项，指定代表向单位提出赋权申请，试点单位进行审批并在单位内公示，公示期不少于 15 日。

4. 试点单位与科技成果完成人（团队）应按照相关管理规定签署书面协议，合理约定科技成果权属比例、转化收益分配比例、转化决策机制、转化费用分担以及知识产权维持费用等，明确转化科技成果各方的权利和义务，并及时办理相应的知识产权权属变更等手续。鼓励单位与成果完成人（团队）协商赋权成果所有权"买断独享"。

5. 试点单位要尊重科研人员意愿，采取转化前赋予职务科技成果所有权（先赋权后转化）或转化后奖励现金、股权（先转化后奖励）的不同激励方式，对同一科技成果转化不进行重复激励。

（二）赋予科研人员职务科技成果长期使用权

6. 试点单位可赋予科技成果完成人（团队）不低于 10 年的职务科技成果长期使用权，科技成果完成人（团队）应向单位申请并提交成果转化实施方案，由其单独或与其他单位共同实施该项科技成果转化。试点单位进行审批并在单位内公示，公示期不少于 15 日。

7. 试点单位与科技成果完成人（团队）应按照相关管理规定签署书面协议，合理约定成果的收益分配等事项，在科研人员履行协议、科技成果转化取得积极进展、收益情况良好的情况下，试点单位可进一步延长科研人员长期使用权期限。试点结束后，试点期内签署生效的长期使用权协议应当按照协议约定继续履行，可不受人员调整、调动、退休、离职等影响。

（三）强化赋权试点全过程管理和服务

8. 试点单位应建立赋权改革试点工作协调机制，制定赋权改革管理办法细则，依托职务科技成果转化"安心屋"场景应用开展赋权审批管理，及时跟进掌握赋权成果转化情况。

9. 赋权成果完成人（团队）应定期总结转化实施情况，及时、主动向所在单位提交赋权科技成果转化进展报告及相关证明材料。

10. 科研人员将赋权科技成果向境外转移转化的，应遵守国家技术出口等相关法律法规。涉及国家秘密的职务科技成果的赋权和转化，试点单位和成果完成人（团队）要严格执行科学技术保密制度，加强保密管理；试点单位和成果完成人（团队）与企业、个人合作开展涉密成果转移转化的，要依法依规进行审批，并签订保密协议。严格遵守科技伦理相关规定，确保科技成果的转化应用安全可控。

（四）落实以增加知识价值为导向的分配政策

11. 健全职务科技成果转化收益分配机制，使科研人员、技术转移人员和管理人员收入与对成果转化的实际贡献相匹配。对完成、转化职务科技成果的主要贡献人员获得奖励的份额不低于奖励总额的70%，承担科技成果转化的技术转移机构工作人员和管理人员获得奖励的份额不低于奖励总额的5%。

12. 试点单位实施科技成果转化，包括开展技术开发、技术咨询、技术服务等活动，按规定给个人的现金奖励，应及时足额发放给科技成果转化作出重要贡献的人员，计入当年本单位绩效工资总量，不受单位总量限制，不纳入总量基数。

（五）优化科技成果转化国有资产管理方式

13. 充分赋予试点单位管理科技成果自主权，探索形成符合科技成果转化规律的国有资产管理模式。试点单位应健全完善职务科技成果转化内控管理制度，依托职务科技成果转化"安心屋"和科技成果公开交易平台开展成果披露、审批和公开交易。"安心屋"内实施转化的职务科技成果，以及成果直接或者指定持股平台作价投资所形成的股权不纳入国有资产保值增值考核范围。

14. 试点单位对其持有的科技成果，可自主决定转让、许可或者作价投资，不需报主管部门和财政部门审批。试点单位将科技成果转让、许可或者作价投资给国有全资企业的，可以不进行资产评估；给非国有全资企业的，由单位自主决定是否进行资产评估。

15. 赋权职务科技成果转化时，可由成果完成人（团队）自主决定成果转化价格或基准价格、转化方式、定价方式，经职务科技成果转化"安心屋"进行审批、交易的可不进行资产评估。承接对象是成果完成人（团队）利害关系人的，应当事先声明，并通过科技成果公开交易平台挂牌、竞价（拍卖）等方式确定价格。利害关系人的界定按照交易平台有关规定执行。

（六）建立尽职免责机制

16. 试点单位领导人员履行勤勉尽职义务，严格执行决策、公示等管理制度，在没有牟取非法利益的前提下，可免除追究其在科技成果定价、自主决定资产评估以及成果赋权中的相关决策失误责任。

17. 各地方、各主管部门应建立相应容错和纠错机制，探索通过负面清单等方式，制定勤勉尽责的规范和细则，激发试点单位的转化积极性和科研人员干事创业的主动性、创造性。完善纪检监察、审计、财政等部门监督检查机制，以是否符合中央精神和改革方向、是否有利于科技成果转化作为对科技成果转化活动的定性判断标准，实行审慎包容监管，可依托职务科技成果转化"安心屋"进行无感监管、触发式监管。

（七）充分发挥专业化技术转移机构作用

18.试点单位应加强技术转移机构和转移人才队伍建设，为职务科技成果转移转化开展专业化服务，让科研人员专注于科技创新和研发活动。省科技厅会同有关部门完善技术转移人才职称评聘体系和职业晋升通道。

三、试点范围和申报流程

试点范围：省内或中央在浙的高等院校、科研机构、公立医疗卫生机构、国有企业等国有企事业单位均可提出试点申请。试点期限自批复之日起3年。

申报流程：意向单位依托职务科技成果转化"安心屋"应用报送《赋予科研人员职务科技成果所有权或长期使用权试点工作方案》，由省科技厅组织专家和相关部门论证，经审核符合条件的，由省科技厅发文明确列入试点。

四、组织实施

（一）加强党的领导

各有关部门和试点单位要坚持和加强党对改革试点工作的全面领导，把学习贯彻习近平总书记关于科技创新和改革创新重要论述作为开展改革试点工作的根本遵循，落实"三重一大"事项集体决策制度，构建以改革试点为抓手的党建统领、整体智治体系，切实推动省委省政府改革部署要求落地落实。

（二）加强统筹协调

省科技厅会同有关部门建立工作协调机制，及时研究重大政策问题，统筹推进试点工作。省级相关部门积极研究支持改革的政策措施，确保改革工作顺利推进。各地各部门做好本地区、本系统改革试点的动员服务工作，及时协调解决试点工作中的问题，确保改革举措扎实落地。

（三）加强监测评估

健全试点工作监测分析和绩效评价机制。试点单位每年12月15日前将年度赋权改革试点情况报告主管部门和省科技厅。省科技厅会同有关部门加强跟踪指导，定期开展评估，对试点工作中发现的问题和偏差，及时予以解决和纠正。

（四）加强宣传推广

各有关部门要拓宽政策咨询和服务渠道，对职务科技成果赋权改革相关政策、管理、财务等问题开展培训。省科技厅组织或委托专业机构对改革典型案例、经验做法及时进行总结推广，不断扩大试点溢出效应，进一步提升试点单位和科研人员支持参与改革的积极性、主动性和创造性。

本实施方案自 2022 年 9 月 29 日起施行。

安徽省人民政府关于印发安徽省深化科技创新体制机制改革加快科技成果转化应用体系建设行动方案的通知

皖政〔2022〕64号

各市、县人民政府，省政府各部门、各直属机构：

现将《安徽省深化科技创新体制机制改革加快科技成果转化应用体系建设行动方案》印发给你们，请认真贯彻执行。

安徽省人民政府
2022年6月23日

安徽省深化科技创新体制机制改革加快科技成果转化应用体系建设行动方案

为贯彻落实党中央、国务院有关决策部署，深化全省科技创新体制机制改革，加快科技成果转化应用体系建设，赋能全省经济高质量发展，现制定如下行动方案。

一、总体要求

（一）指导思想。以习近平新时代中国特色社会主义思想为指导，全面贯彻党的十九大和十九届历次全会精神，深入贯彻习近平总书记关于科技创新的重要论述和对安徽作出的系列重要讲话指示批示，坚持"四个面向"，以需求为牵引、产业化为目的、企业为主体，强化工业互联网思维，破除体制机制障碍，育强创新主体和转化主体，强化中试孵化、对接交易、科技金融支撑，加快建设科技成果转化应用体系，下好创新"先手棋"，引领高质量发展。

（二）主要目标。到2025年，市场导向、利益共享、体制健全、运行高效的科技成果转化应用体系基本形成，敢于转化、乐于转化、便于转化、善于转化的科技成果转化环境更加优化，赋权放权、宽容失败、尽职免责的科技成果转化政策更加完善，努力成为全国科技成果转移转化示范样板省份，当年吸纳技术合同成交额超过 3500 亿元，累计转化省内外科技成果超过 10 万项，累计新培育科技型中小企业超过 1 万家。

二、破除科技成果转化体制机制障碍

（一）重构成果转化评价与考核制度。

改革评价机制。落实中央部署，推进"三评"改革，出台系列配套制度，构建以科技创新质量、贡献、绩效为导向的分类评价体系，对主要从事应用研究、试验发展的科研人员，加大成果转化、技术推广等评价指标权重，作为职务晋升、职称评审、奖励评选的重要依据，减少论文数量要求。（省委组织部牵头改革人才评价工作，省教育厅牵头改革高校评价工作，省科技厅牵头改革院所评价等工作）进一步激发科技人员面向市场、面向企业寻找和承担科研课题的动力，高校院所承担单个横向课题实际到账总金额 30 万元及以上且通过合作单位验收的，可视同省重点研究与开发计划项目。赋予高校院所横向项目结余经费分配自主权，视为科技成果转化收入，奖励经费计入所在单位绩效工资总量，但不受核定的绩效工资总量限制。（省科技厅牵头）

改革考核机制。建立研发经费投入持续增加机制，各市应持续加大财政科技投入。（各市人民政府负责）对高校院所科技成果转化实行单项考核。（省教育厅牵头对高校考核，省科技厅牵头对院所考核）指导高校院所完善制度，对科研人员、从事科技成果转化人员进行分类激励，对从事科技成果转化人员实行单列考核和评价，并在指标分配中予以倾斜。（省教育厅对高校指导，省科技厅对院所指导）将输出技术合同在皖转化的数量和成交额作为高校院所领导班子年度和任期目标考核指标，将研发投入纳入国有企业负责人业绩考核范围，将吸纳技术合同成交额作为各级政府、园区领导班子年度和任期目标考核指标。（省委组织部牵头）对各级财政稳定支持的研发平台，将财政支持经费与科技成果转化绩效挂钩。（省财政厅牵头）国家实验室、合肥综合性国家科学中心双聘人员取得的科研成果与原单位共享，可作为有关部门对原单位考核的科研业绩，发表的论文与原单位联合署名。（省科技厅对接国家实验室，省发展改革委对接合肥综合性国家科学中心）

改革人事管理制度。在高校试点开展工程系列职称评审。制定企业和高校院所科技人员双向兼职取酬管理试行办法。打破人事关系等刚性制约，采取"双聘制"，推动企业高端人才到高校担任"产业教授"、高校院所科研人员到企业担任"科技副总"，开展科技成果转化工作。（省人力资源社会保障厅牵头）

（二）构建新型科研攻关体制。

改革重大科研任务形成与实施机制。以产业需求为导向，成立省科技创新咨询委员会，来自企业科技人员比例原则上不低于 50%，由科学家和企业家联合开展产业技术发展趋势预测，凝练真正制约产业发展的重大技术难题，形成"卡脖子"技术攻坚清单，采取"揭榜挂帅"等方式招募攻坚单位或团队，以"军令状"方式签订攻坚合同。对难度大、风险大的项目采用"赛马制"。在省级科技计划项目中试行基于信任的首席科学家负责制，建立非共识、颠覆性创新项目发现、遴选、资助机制。开展科技项目经理人制度和"业主制"试点。（省科技厅牵头）依托合肥综合性国家科学中心等战略科技力量实施重大科研任务，探索建立直接委托机制和"军令状"责任制。针对合肥综合性国家科学中心等战略科技力量所属机构领衔青年科学家，建立稳定科研经费支持机制，由领衔青年科学家自主确定科研课题、选聘科研团队、安排经费使用。（省发展改革委牵头）

（三）构建赋权与尽职免责机制。

开展职务科技成果管理改革试点。推进职务科技成果所有权赋权改革，在赋权改革试点单位以及国家新一轮全面创新改革试点单位开展职务科技成果单列管理试点，在职务科技成果专门管理制度和监管机制建立的前提下，国有资产审计、清产核资时不再包括职务科技成果，作价入股形成的国有股权减值及破产清算不纳入国有资产保值增值管理。（省科技厅牵头）授权高校院所办理科技成果作价投资形成国有股权的转让、无偿划转或者对外投资等事项，除涉及国家秘密、国家安全及关键核心技术外，不需审批或者备案。（省财政厅牵头）

完善尽职免责机制。建立科技创新尽职免责负面清单机制，在赋权改革试点单位编制科技成果转化负面清单，报本级主管部门备案。（省科技厅牵头）高校院所通过在技术交易市场挂牌交易、拍卖等方式确定价格的，或者通过协议定价并公示的，单位负责人及相关人员在履行勤勉尽责义务、没有牟取非法利益的前提下，免除其在科技成果定价中因科技成果转化后续价值变化产生的决策责任。健全审计、监督、检查结果跨部门互认机制。（省审计厅牵头）

（四）构建基础研究和应用研究贯通机制。

建立以应用研究倒逼基础研究任务清单、以基础研究引领应用研究任务清单，实施省自然科学基金项目，衔接省科技攻尖等计划项目。支持中国科学技术大学等高校院所，在数学、物理、化学、生物等领域创建国家基础学科研究中心，建立稳定支持方式和长周期评价机制。（省科技厅牵头）建立企业参与基础研究引导机制，推动企业与省自然科学基金设立联合基金，或者独立建立基础研究基金，企业可根据产业技术需求确定研究方向和课题，与高校院所协同实施，投入1000万元以上的享有基金冠名权。（省科技厅牵头）

优化高能级创新平台科技成果动态捕捉机制，建设大科学装置集中区先导技术概念验证中心，组建合肥综合性国家科学中心大科学装置服务机构，服务利用大科学装置开展研究的科研团队，发现、挖掘、验证形成的前沿科技成果或衍生成果，滚动实施大科学装置衍生技术转移转化清单。（省发展改革委牵头）市、县（市、区）及开发区选派"科技情报员"，定点联系高能级研发平台，贴身寻找捕捉成果和开展产学研对接。（各市人民政府负责）

探索基础研究多元化投入方式，以实验堆（BEST）建设为试点，探索构建风险共担、利益共

享的重大战略成果转化应用新机制。（省发展改革委牵头）

（五）构建成果转移转化供需融合发展机制。

打造"科大硅谷"科技体制改革"试验田"。组建市场化服务平台公司，搭建一体化服务平台，面向全球遴选专业团队，负责"科大硅谷"建设运营。设立"科大硅谷"全球校友资源事务部，在全球创新资源富集区域布局建设海外科技创新中心、离岸创新创业中心，深入开展国际科技创新交流合作。聚焦新技术、新产业、新业态和新模式等领域，每年招引一批青年科技人才创新创业团队，纳入省新兴产业天使基金群支持范围，赋予人才团队领头人"自主荐才"权。（合肥市人民政府牵头）

充分发挥"羚羊"工业互联网等平台作用，推动研发资源与企业需求精准高效对接。提升"羚羊"工业互联网等平台创新资源整合能力，打通政企数据连接，搭建省产学研合作协同创新平台体系，打造以"云端应用程序＋专业科创平台"为核心的科创服务体系，推动科技成果上平台、专家智库聚平台、中小企业用平台。鼓励支持高校师生、科研人员和团队依托"羚羊"工业互联网等平台，发布科研成果，对接技术需求，成为生态服务商，并将转化对接实效纳入单位职称评定和绩效考核业绩，切实提高科研人员积极性。（省经济和信息化厅牵头）

加快推进产学研深度融合。推动高校院所与企业联合共建学科实验室（技术中心）等，引导高校院所科技人员针对企业技术难题长期稳定开展研究，提升企业研发能力，改善高校办学条件。对高校院所科研团队已转化的科技成果并取得阶段性进展，给予持续研发或转化支持。（省科技厅牵头）落实扩大高校院所科研相关自主权举措，探索建立行业主管部门"一揽子授权"管理制度。建立动态管理、定期调整的高校学科专业清单，新增硕博士学位授权优先满足人工智能、集成电路、量子信息等新兴交叉学科发展需要。支持省属高校设立基本科研业务经费。（省教育厅牵头）研究完善事业单位特设岗位管理办法，满足省属高校院所引进高层次和急需紧缺专业技术人才需求。（省人力资源社会保障厅牵头）

推进创新链和产业链"双链融合"，企业凝练提出技术需求，市、县（市、区）择优给予支持，委托高校院所解题；高校院所通过内部"揭榜挂帅"等方式，确定研发团队与企业技术人员"混编"联合开展科研攻关，履行技术合作协议。（各市人民政府负责）选认科技特派员，组建科技特派团，建设科技特派员创新创业示范基地。每年选派500名左右产业链与创新链"双链融合专员"，到县域帮助企业开展技术需求挖掘、对接高校院所和领军企业科技资源和人才团队，服务乡村振兴二、三次产业发展。（省科技厅牵头）健全高校院所科研设施与仪器向企业开放共享机制，支持高校院所按照成本补偿和非盈利原则收取服务费，建立健全实验管理人员激励政策。省级主管部门建立评价制度，定期开展评价考核，评价考核结果向社会公布并作为科研设施与仪器更新的重要依据。（省科技厅牵头）

三、实施科技成果转化专项行动

（六）开展创新平台共建专项行动。

制定安徽省创新平台高质量发展意见，加强创新平台统筹管理。整合省内高校院所、行业龙头企业等优势力量创建全国重点实验室，争抢更多高能级创新平台进入全国重点实验室重组序列，争创国家技术创新中心等国家级平台。建立健全省级重点实验室优胜劣汰竞争机制。（省科技厅牵头）推动高校院所与各市共建科技成果转化中心或产业技术研究院，依托工业互联网，打造汇聚各类创新要素的优势平台。（各市人民政府负责）各市对共建的创新平台保障建设用地需求，提供科研开发、科技成果转化用房和引进人才住房等。（各市人民政府负责）加快建设合肥综合性国家科学中心能源、人工智能、大健康等研究院及江淮协同创新中心。省市联动组织实施合肥综合性国家科学中心重大科技成果转化专项。（省发展改革委牵头）

（七）开展科技型企业培育壮大专项行动。

放宽一个项目周期内企业申报省科技计划（专项）数量限制，企业承担科技攻关计划（专项）比例原则上不低于70%。（省科技厅牵头）每年从高校院所和数字化领军企业等中选派不少于100名工业互联网服务专员，推动"专精特新"企业数字化转型。瞄准产业链缺失环节和"卡脖子"难题适时调整"三首"研制需求清单，引导创新主体对标研制。按年度发布"三首"产品推广应用指导目录，加大政府采购支持力度，对"三首"产品采取首购、订购等方式采购，促进"三首"产品研发和示范应用。（省经济和信息化厅牵头）争取开展高新技术企业"报备制"试点。（省科技厅牵头）到2025年省国有工业企业研发经费投入占主营业务收入比例达到3.5%以上，推动设立专款专用、不纳入增值保值考核的研发准备金，在计算经济效益指标时将研发投入视同利润。研究制定有利于鼓励国有企业科技人员创新的薪酬政策，对国有企业重点科研团队实行工资总额单列管理。（省国资委牵头）依托科技领军企业组建体系化、任务型创新联合体。（省科技厅牵头）在合芜蚌国家自主创新示范区开展企业人才自主评审试点，十大新兴产业、主导传统产业领域范围内，每个产业研发投入总额前10名企业，以及研发投入强度前10名企业，可按专职研发和管理人员最高2%比例自主评审人才，由所在市人民政府按程序直接认定为相关领域高层次产业人才，在岗位补贴、人才公寓保障、子女就学等方面纳入所在市人才管理服务范围。（相关市人民政府负责）对引进的省外领军企业在皖设立研发总部、区域研发中心，与高校院所共建实验室、研究院等，符合规定的按科研用地给予相应保障。优先支持十大新兴产业领域企业利用自有存量土地建设保障性租赁住房。对人口净流入的大城市和省政府确定的城市，可将产业园区中工业项目配套建设用地面积占项目总用地面积的比例上限由7%提高到15%，建筑面积占比上限相应提高，提高部分主要用于建设宿舍型保障性租赁住房。（省自然资源厅牵头）

第八部分　政策篇

（八）开展科技成果中试孵化扩容专项行动。

推进高水平新型研发机构建设。依托国家实验室、大科学装置和高校院所等，实行"研究院+运营公司+基金"、多元化投入团队持股的混合所有制等模式，建立以成果转化为主导，兼具科技研发、创新创业、人才培养引进等多种功能的新型研发机构。（省科技厅牵头）支持企业和社会力量兴办新型研发机构，满足条件的可在项目申报、职称评审、人才培养等方面享受科研事业单位同等待遇。组建省产业研究院，建设长三角国家技术创新中心（安徽），构建"中心+研发机构（研发型企业）+企业"网络。（省科技厅牵头）

推进科技成果中试孵化基地建设。围绕十大新兴产业和未来产业发展需求，引导领军企业和专业机构在高校院所附近或开发园区建设一批通用性或行业性科技成果中试基地。依托合芜蚌国家科技成果转移转化示范区建立10个以上科技成果产业化基地。按照达标即准原则，支持建设省级众创空间和科技企业孵化器。依托"科大硅谷"，建设量子信息、人工智能、生物医药、空天信息等专业孵化器。推动高校院所、领军企业、开发园区创办专业孵化器。组织合肥工业大学等争创国家大学科技园，启动省级大学科技园建设工作。（省科技厅牵头）引进省外知名高校院所在皖建立科技企业孵化器、加速器（产业园），推动皖北8市与沪苏浙、G60科创走廊科技企业孵化器间的对接与合作。在国家高新区探索柔性引进国外高端人才领衔设立离岸科技企业孵化器。建设科产城一体融合的科技创新集聚区。（各市人民政府负责）引导开发园区、企业到沪苏浙等地设立"人才飞地""研发飞地"。（各市人民政府负责）

推进应用场景创新和示范。深入推进工业互联网创新发展行动，聚焦量子信息技术、人工智能、新能源、智能网联汽车等前沿优势创新领域，大力拓展工业互联网场景应用，加快建设一批体验中心、推广中心，省级层面每年分行业和领域发布100个动态场景清单，应用场景向创新型企业、产品开放。（省十大新兴产业推进组工作专班负责）推进领军企业通过产品定制化研发等方式，为关键核心技术提供早期应用场景和适用环境。推动有条件的市建立场景促进中心，常态化开展场景挖掘、策划、发布、对接等工作。（各市人民政府负责）

（九）开展科技成果对接交易提质专项行动。

推进技术转移载体建设。高水平建设安徽科技大市场。本科高校、科研院所、新型研发机构全面建立由单位分管负责人牵头的技术转移机构。（省科技厅牵头）围绕十大新兴产业，推动各类开发园区提供办公场所和配套条件，引进知名高校院所或国内头部技术转移机构。（各市人民政府负责）依托中国科学技术大学组建科技商学院，搭建科学家、企业家、投资家交流互动融合平台。（省发展改革委牵头）在省自然科研系列职称中增设技术经纪类别，根据技术转移人才特点量身定制职称评定标准条件，拓宽人才发展通道。开展技术转移专业技术人员职称评审试点。每年依据技术转移机构促成在省内落地的技术交易数量、成交额等指标开展排名。（省科技厅牵头）对承担科技成果转化的技术转移机构工作人员和管理人员，按成果转化收益给予不低于 5% 的奖励，奖励计入所在单位绩效工资总量，但不受核定的绩效工资总量限制。（各高校院所负责）

（十）开展金融支撑科技成果转化增效专项行动。

强化科技与金融融合。支持商业银行等设立科技金融专营机构或科技支行，鼓励设立科技金融事业部。支持金融机构为科技型企业开发"科技研发贷""科技成果转化贷""人才贷"等信贷产品。鼓励金融机构对高新技术企业、科技型中小企业、"专精特新"企业开展授信，扩大投贷联动规模。推广研发保险、成果转化保险等新兴科技保险业务。（安徽银保监局牵头）建立科技贷款风险补偿资金池，按规定对合作银行、合作担保机构给予不良贷款风险补偿。（省科技厅牵头）鼓励龙头企业设立工业互联网基金，面向全球吸引带动创投风投、社会资本共同参与工业互联网建设和应用项目。市场化组建资本学院，培养资本运作人才。（省地方金融监管局负责）将金融机构科技信贷、科技保险、科技担保，以及在地方融资信用服务平台发布金融产品、发放信用贷款等情况纳入金融机构支持地方实体经济发展评价体系，对年度考核评定优秀的按照相关规定给予激励。（省地方金融监管局牵头）

建立天使投资基金群。设立资助大学生创新创业计划。（省财政厅负责）设立雏鹰计划专项基金，支持大学生创新创业初级实践期活动。设立新型研发机构专项基金，支持科研单位开展早期应用研究。省科技成果转化引导基金、省种子投资基金投向科技成果转化早期项目的比例均达到 50% 以上。（省科技厅牵头）引入高端基金和投资团队，对前瞻性科技成果转化项目进行投资。（省地方金融监管局牵头）与北交所等紧密合作，加强拟上市科技型企业的培育，推动符合条件的科技型企业对接多层次资本市场上市融资。（安徽证监局牵头）吸引国内外投资机构入皖，壮大早期投资的基金丛林。（省地方金融监管局牵头）

四、保障措施

（一）加强统筹协调。建立省促进科技成果转化联席会议制度，推动部门协调联动，形成合力。（省科技厅牵头）各市、县（市、区）成立科技成果转化工作专班，建立统筹、协调、管理和服务机制。（各市人民政府负责）加强对省、市、县（市、区）相关部门推动落实科技成果转化政策督查，压实责任，确保各项举措落实落细。（省科技厅牵头）

（二）加强知识产权保护。设立安徽省知识产权交易中心。（省市场监管局牵头）建立健全知识产权纠纷调解协议司法确认机制。（省高院牵头）建立重复侵权、故意侵权企业名录社会公布制度，完善新业态新领域保护制度，加强 PCT 专利布局，提升中国（合肥）知识产权保护中心服务运营水平，争创中国（安徽）知识产权保护中心。（省市场监管局牵头）

（三）加强统计分析。高校院所应当按照规定向其主管部门和科技、财政部门报送科技成果转

化情况的报告。对科技成果转化情况进行信息采集、统计分析，动态发布全省及各市科技成果转化指数。（省科技厅牵头）

（四）加强宣传推介。从发展改革、科技、经济和信息化等部门以及园区、企业，选派一批年轻干部到高校院所、科研机构跟班学习，开展科技成果转化政策宣传、需求对接和难题帮办。（省委组织部牵头）加强对科技成果转化新模式和典型案例的宣传，引导全社会关心支持科技成果转化，努力营造重视科技成果转化、紧抓科技成果转化的社会氛围。（省科技厅牵头）

本方案自发布之日起实施，有效期至 2025 年 12 月 31 日。中央驻皖单位可参照本方案实施。

福建省科学技术厅关于印发《福建省技术转移机构管理办法（修订）》的通知

（闽科规〔2022〕5号）

各设区市科技局、平潭综合实验区经济发展局，各有关单位：

为培育和发展我省技术转移机构，完善技术转移体系，促进科技成果转化，我厅修订了《福建省技术转移机构管理办法》。现印发你们，请遵照执行。

福建省科学技术厅

2022年5月13日

（此件主动公开）

福建省技术转移机构管理办法（修订）

第一条 为贯彻落实《中共中央、国务院关于构建更加完善的要素市场化配置体制机制的意见》等文件精神及我省贯彻意见，培育和发展技术转移机构，完善技术转移体系，促进科技成果转化，根据《中华人民共和国促进科技成果转化法》等有关法律、法规和政策，结合我省实际，制定本办法。

第二条 本办法所指的技术转移是指制造某种产品、应用某种工艺或提供某种服务的系统知识，通过各种途径从技术供给方向技术需求方转移的过程。

技术转移机构是指为实现和加速上述过程提供各类服务的机构，包括技术经纪、技术集成与经营和技术投融资服务机构等，但单纯提供信息、法律、咨询、金融等服务的除外。

技术转移机构可以是独立的法人机构、法人的内设机构或其它形式的分支机构。原则上，一个法人只能申请一个省级技术转移机构。

第三条 技术转移机构分为交易类和平台类。交易类机构以促成具体的技术交易为主要目标，提供技术经纪、技术集成与经营、技术价值评估、技术交易撮合、技术投融资等服务；平台类机构以提供技术转移公共服务为主要任务，搭建科技成果展示和交易平台，分享资讯，推广技术，开展政策宣讲与咨询、技术转移氛围营造、人员培训交流、技术咨询与服务等活动。

第四条 省科技厅负责福建省技术转移机构（以下简称省级技术转移机构）的评估、命名、管理、评价和业务指导。各设区市、平潭综合实验区科技行政管理部门，高校、科研院所和省直有关单位负责本地区、本部门技术转移机构的建设发展、归口推荐和日常管理。

第五条 省级技术转移机构的主要职能是促进知识流动和技术转移，其业务范围包括：

1. 对技术信息的搜集、筛选、分析、加工；

2. 技术转让与技术代理；

3. 技术集成与二次开发；

4. 提供中试、工程化等设计服务，提供技术标准、测试分析服务等；

5. 技术咨询、技术评估、技术培训、技术产权交易、技术招标代理、技术投融资等服务；

6. 提供技术交易信息服务；

7. 其它有关促进技术转移的活动。

第六条 省级技术转移机构应具备以下条件：

1. 在我省登记注册，具有独立法人资格的机构；或省内企事业单位的内设机构；或境内外技术转移机构在我省登记注册的分支机构。

2. 符合国家、我省产业政策，发展方向明确；有符合发展要求的经营理念、商业模式、经营项目和核心竞争力。

3. 有固定的经营场所；独立法人机构需有5人以上（含5人）从业人员，法人内设机构或分支机构需有3人以上（含3人）从业人员；人员结构及部门设置合理，其中必须有从事技术转移人员；经营状况良好。

4. 管理规范，规章制度健全。有明确的从事技术转移服务的管理办法、客户管理服务的规范性程序、健全的内部管理制度、科学合理的员工奖惩机制。

5. 有两年及以上从事技术转移业务的经历。交易类：上两个年度促成技术交易总金额不低于400万元；平台类：上两个年度主办、承办或协办技术转移活动不少于10场次且不少于500人次参与活动，服务企业数不少于100家。

6. 以往执业过程中，无违法、违规记录。

第七条 支持各地区、各部门建立技术转移机构；支持高新区、大学科技园、科技企业孵化器、高校、科研院所及社会团体建立专业技术转移机构；优先支持福厦泉国家自主创新示范区建立技术转移机构。鼓励社会资金、创业投资、金融信贷等直接、间接投资支持技术转移和产业化。

第八条 鼓励境内外技术转移机构在我省设立法人单位或分支机构从事技术转移，与本地技术转移机构享受同等待遇。

第九条 鼓励技术转移机构加强技术转移人才教育和培训，向专业化方向发展，建立结构合理、素质优良的技术转移人才队伍。

第十条 我省高校和科研机构应积极建立技术转移机构，完善相关机制，有效整合高校和科研院所的内部资源，将其承担的国家和省级科技计划、共性关键技术研发、引导战略性新兴产业的原始创新和重点领域的集成创新所形成的成果，尽快转移和扩散到企业。

第十一条 省级技术转移机构评估、命名程序如下：

1.由符合条件的技术转移机构提出申请，经设区市、平潭综合实验区科技行政部门，高校、科研院所和省直有关单位推荐，报送省科技厅；

2.省科技厅组织开展申报，经评估对符合条件的技术转移机构命名为"福建省技术转移机构"并予以公布，有效期3年；

3.已获得"国家技术转移示范机构"命名的单位直接命名为"福建省技术转移机构"，不再重复评估。

第十二条 省级技术转移机构实行动态管理。各省级技术转移机构应于每年3月31日前，向推荐部门报送上年度技术转移业务开展和参与技术市场交易等情况，由推荐部门核实、汇总后报省科技厅。

第十三条 省科技厅按《福建省技术转移机构评价指标体系》（详见附件）分交易类、平台类对命名满三年的省级技术转移机构进行评价，结果分为优秀、良好、合格和不合格四类。对评价不合格的机构，限期一年整改。

省科技厅根据工作实际适时调整《福建省技术转移机构评价指标体系》。

第十四条 有下列情形之一的，取消其省级技术转移机构资格：

1.限期一年整改，经评价仍不合格的；

2.不按规定时间和要求提供评价材料的；

3.在技术市场服务过程中存在虚报、造假、不诚信经营等情况，一经查实的；

4.因从事的经营活动违法受到司法机关查处的；

5.机构申请取消省级技术转移机构资格的。

取消资格的机构两年内不纳入省级技术转移机构命名范围。

第十五条 省级技术转移机构发生更名或与认定条件有关的重大变化，应在三个月内通过系统向省科技厅递交经推荐部门审查后的变更申请。

第十六条 从事技术转移的机构和个人，应当遵守法律、法规，按照公平竞争、平等互利和诚实信用的原则开展业务活动，不得损害国家和社会公共利益，不得侵犯他人合法权益。

第十七条 本办法由省科技厅负责解释。

第十八条 本办法自发布之日起施行，有效期5年。

江西省人民政府办公厅关于印发江西省科技成果产业化实施方案（试行）的通知

赣府厅字〔2023〕7号

各市、县（区）人民政府，省政府各部门：

《江西省科技成果产业化实施方案（试行）》已经省政府同意，现印发给你们，请认真贯彻落实。

2023年2月5日

（此件主动公开）

江西省科技成果产业化实施方案（试行）

为全面实施创新驱动发展战略，促进我省科技成果转移转化及产业化，根据《中华人民共和国促进科技成果转化法》以及省人大常委会颁布《江西省促进科技成果转化条例》《关于全面提升科技创新驱动力的决定》等文件要求，结合我省实际，特制定本实施方案。

一、总体要求

深入贯彻落实党的二十大精神，坚持有效市场与有为政府相结合，强化重点领域和关键环节的系统布局，推动技术、资本、人才、服务等创新资源深度融合与优化配置，促进科技成果资本化、产业化、商品化，为全面建设创新江西注入澎湃动力。

（一）基本原则。

坚持市场主导。发挥市场在配置创新资源中的决定性作用，构建以企业为主体的技术创新体系，突出企业整合技术、人才、资本等资源关键作用，推进产学研协同创新与成果产业化。

坚持政府引导。推进政府职能转变和科技体制机制改革，强化政府在政策制定、平台建设、人才培养、公共服务等方面职能，营造有利于科技成果转化及产业化的良好环境。

坚持协同联动。发挥全省各级政府、高校、科研院所、企业、服务机构等主体在成果转化及产业化工作中的重要作用，在目标协同、资源配置、任务推进等方面形成高效合力。

坚持多链融合。建立完善创新要素融合贯通机制，推动创新链、产业链、政策链、人才链、资金链、服务链环环相扣，实现聚变效益。

（二）主要目标。

"十四五"期间，着力推动一批创新水平高、市场前景好、示范能力强、具有江西特色的重大科技成果产业化，高校和科研院所面向市场研发能力持续提高，专业化技术转移机构和人才队伍发展壮大，技术要素市场更加活跃，技术交易体量稳步提升，多元化金融支撑机制逐渐形成，促进科技成果产业化的制度环境更加完善，以企业为主体的"政产学研金介用"服务体系功能更加健全，运行更加高效。

至 2025 年，全省优化组建市场化技术转移示范机构 30 家以上，建设省级高校科技成果转化和技术转移基地 20 家以上；培养职业化技术经纪人达 2300 人，其中中高级技术经纪人占比达到 5% 以上；实施省重点创新产业化升级工程项目和重大科技成果产业化项目 60 项以上，取得产业关键产品或设备 100 项以上；组建科技成果转化子基金，基金规模达 5 亿元。推动全省技术合同成交额年均保持 25% 以上增幅，2025 年当年达到 1000 亿元规模。实现主要科技成果转化及产业化指标持续提升，推动产业链价值从中低端向中高端迈进。

二、重点任务

聚焦关键问题和薄弱环节，加强系统部署和整体谋划，明确主攻方向，抓好措施落实，持续提升科技成果产业化整体效能。

（一）夯实基础，提升成果产业化前端供给质量。

1. 建立需求导向的科研组织方式。聚焦我省重点产业高质量发展需要，建立以市场需求为导向、转化绩效为目标的科技项目立项组织机制，引导高校、科研院所以及技术创新中心、产业创新中心、工程研究中心、制造业创新中心、新型研发机构等高端研发平台，面向市场开展"订单式"研发，从源头提升成果供给质量。大力实施企业需求类"揭榜挂帅"重大科技研发专项，吸引省内外人才揭榜联合攻关，按照项目实际投入研发经费的 20% 给予需求企业补助，单个项目补助最高可达 500 万元。（责任单位：省科技厅、省发展改革委、省工业和信息化厅、省教育厅、省财政厅）

2. 发挥创新联合体精准攻关作用。强化产业链科技创新联合体资源整合与能力提升，引导创新联合体精准对接各产业链上中下游企业，梳理产业链技术瓶颈问题，形成攻关任务清单，开展"定向研发、定向转化、定向服务"，每年实施一批研发项目，每项给予 100 万元至 1000 万元资助，形成"补链强链"技术群，实现产业链科技成果直接转化应用，推动产业链转型升级、做大做强。（责

任单位：省科技厅、省财政厅）

3．完善市场化导向的成果评价机制。构建以科技创新成果的价值、绩效和产业化应用为导向的分类评价体系，在科技项目评审、平台验收、机构评价、人才评选、奖励评审中破除"四唯"，突出产业化绩效目标要求。建立科技成果第三方评价机构目录公告制度，构建专家评价技术水平、市场评价产业价值相结合，市场、用户、第三方深度参与的评价方式，全面准确评价科技成果的科学、技术、经济、社会、文化价值。建立完善高校、科研院所科技成果转化排行榜机制，对成果产业化成效突出的给予支持。（责任单位：省科技厅、省教育厅、省科协）

（二）多元协同，强化成果产业化中端服务保障。

4．建立高标准技术市场服务体系。建设完善江西省网上常设技术市场、江西省高校科研院所专利转移转化运营平台、江西省高校科技成果转化服务平台等，提供成果登记、查询、筛选、对接、洽谈等服务。建立科技成果常态化征集、发布和推介对接机制，扩大宣传，促进成果供需精准匹配。健全协议定价、挂牌交易、拍卖、资产评估等市场定价机制，创新科技成果交易模式，打造"赣拍"成果拍卖品牌。完善技术交易服务网络，加强省市县三级技术合同认定登记工作，落实技术转让、技术开发等税收优惠政策，促进技术要素加速流动。（责任单位：省科技厅、省教育厅、省市场监管局、省税务局）

5．加强技术转移机构及人才培育。支持高校、科研院所、科技企业设立技术转移部门和工作队伍。优化提升一批高水平市场化技术转移机构，实行动态管理，建立退出机制，对国家级和省级技术转移示范机构每两年度进行一次绩效评价，评为优秀的分别给予100万元、50万元项目建设经费支持。开展技术经纪职业技能培训，提升技术转移专业队伍能力水平，探索技术经纪专业职称制度，畅通技术转移人才职称晋升通道。建立技术转移机构与技术经纪人排行榜激励机制，每两年发布一次排行榜。（责任单位：省科技厅、省教育厅、省财政厅、省人力资源社会保障厅）

6．促进中试熟化平台载体能级提升。围绕重点产业成果转化需求，强化市场化运营，持续优化提升大学科技园、科技企业孵化器、众创空间、星创天地、高校科技成果转化和技术转移基地、产业技术研究院等平台与载体的服务功能，高水平开展科技成果概念验证、工艺验证、中试熟化和应用场景、商业模式策划等服务，实现科技成果"研发、中试、转化、产业化"的无缝衔接。对省级以上科技企业孵化器、众创空间、星创天地每两年度进行一次绩效评价，评为优秀的每家给予20万元项目激励。鼓励各主管部门依据科技成果转化应用绩效，对其他中试熟化平台、载体给予激励。（责任单位：省科技厅、省财政厅、省工业和信息化厅、省教育厅）

7．加强科技成果产业化开放合作。利用国家级大院大所产业技术及高端人才进江西、江西高校科技成果对接会、滕王阁创投峰会以及各类创新创业大赛等活动，吸引国内外优质成果对接省内产业发展需求。支持建设国际科技合作基地、科创飞地、企业海外研发机构等科技合作载体，拓展科技合作交流与成果转化通道。加大省外重大科技成果引进力度，鼓励科技成果以作价入股等方式在省内企业落地转化。（责任单位：省科技厅、省教育厅、省人力资源社会保障厅）

8．丰富科技金融支持成果转化方式。发挥政府资金撬动作用，通过贷款贴息、风险补偿等方式，拓宽金融支持科技成果产业化渠道。纳入"科贷通"备选库的，实施科技成果转化且符合条件的单户企业，贷款额度最高可达1000万元。鼓励具备条件的金融机构设立科技支行、科技担保公司等专营机构，开发科技成果产业化金融产品，引导社会资金加大投入。在江西省科技创新发展基金下设成果转化子基金，基金规模达5亿元，重点投向在省内落地的重大科技成果产业化项目。（责任单位：省金融监管局、省科技厅、省国资委）

9．落实成果转化人员交流与激励举措。完善校企、院企科研人员"双聘"机制，高校、科研院所选派科技人员到企业担任"科技副总"，从企业选派高级工程技术或经营管理人员到高校、科研院所担任"创业导师""产业教授"，打通产教融合人才互用渠道。推动职务科技成果赋权改革试点提质扩面，健全职务科技成果转化尽职免责清单制度，支持科研人员按照有关规定兼职创新、离岗创办企业。加大职务科技成果转化激励力度，鼓励项目承担单位从成果转移转化所获净收入、股份或出资比例中提取60%-95%奖励给研究开发和科技成果转移转化团队。（责任单位：省教育厅、省科技厅、省人力资源社会保障厅）

（三）营造环境，推动成果产业化后端落地见效。

10．实施重大科技成果产业化项目。围绕我省重点产业高质量发展需求，大力实施省重点创新产业化升级工程项目，取得一批关键产品或设备，做强一批优势企业，带动新技术、新产业发展。遴选一批重大科技成果产业化项目，推荐纳入江西省现代产业引导基金、江西省科技创新发展基金及其子基金投资项目库，以市场化方式对产业化项目予以支持。（责任单位：省工业和信息化厅、省发展改革委、省科技厅、省国资委）

11．加大企业科技成果产业化支持。在省级科技计划技术创新引导类项目中择优支持一批重大科技成果熟化与工程化研究项目，对获得国家科技奖以及省部级科技奖一等奖以上的重大科技成果在省内企业落地转化的项目，给予重点支持。完善《江西省网上常设技术市场技术交易补助管理办法》，对承接转化科技成果的企业，提高补助力度，同一企业年度补助额度最高可达200万元。企业实施科技成果产业化，符合法定情形的，可享受递延纳税、研发费用加计扣除、增值税和所得税减免等税收优惠政策。对于产业化规模巨大、产业链带动能力明显的项目，在用地、用能、环评、生产许可批准等方面给予相关政策支持并提供优质高效服务。（责任单位：省科技厅、省工业和信息化厅、省发展改革委、省财政厅、省自然资源厅、省生态环境厅、省国资委、省税务局，各设区市人民政府及赣江新区管委会）

12．畅通科技创新产品产业化上市渠道。对我省实施科技成果产业化的企业，其符合条件的创新产品、创新服务给予首购政策支持，使用财政资金采购首台（套）重大技术装备、首版次软件、首批次新材料以及创新产品，可以依法依规采取非招标采购方式。持续深化江西省政府采购电子卖场"首台套专区"建设，展示首台（套）产品信息，鼓励在同等条件下优先采购首台（套）产品。推动科技成果产业化产品与电商直播业态融合，常态化举办创新产品直播节活动，助推创新产品快速上市。（责任单位：省财政厅、省发展改革委、省工业和信息化厅、省科技厅、省商务厅，各设区市人民政府及赣江新区管委会）

三、组织与实施保障

（一）加强组织领导。成立江西省推进重大科技成果产业化工作领导小组，由省政府分管领导担任组长，省直相关部门分管负责同志为成员。负责研究重大科技成果产业化相关政策与工作机制，协调重大事项，解决重大问题。

（二）强化跟踪督促。各责任单位要加强协同配合，优化工作举措，按照时间节点及时跟进各项工作任务，对工作推进不力、进展缓慢的，要督促整改。加强对重大科技成果产业化事项的监督检查，加大全流程风险防控，主动跟踪服务，确保各项目标任务落实到位。

（三）加大宣传力度。切实加大政策宣传解读力度，提高社会知晓度，营造共促成果产业化的良好氛围。加强科技成果转化及产业化相关配套政策衔接，协同推进落实。挖掘发现重大科技成果产业化典型案例，在全省树立标杆和打造样板，总结推广成功经验做法，引导全社会力量更多参与科技成果转化及产业化。

山东省科学技术厅印发《关于加强高水平科技成果转移转化人才队伍建设的若干措施》的通知

鲁科字〔2023〕29号

各市科技局，各有关单位：

现将《关于加强高水平科技成果转移转化人才队伍建设的若干措施》印发给你们，请结合实际认真贯彻落实。

山东省科学技术厅

2023年5月4日

（此件公开发布）

关于加强高水平科技成果转移转化人才队伍建设的若干措施

为深入贯彻党的二十大精神，深入实施创新驱动发展战略、人才强省战略，加快全省高水平科技成果转移转化人才队伍建设，推动创新链、产业链、资金链和人才链深度融合，按照《中共中央国务院关于构建更加完善的要素市场化配置体制机制的意见》精神和省委省政府有关部署要求，制定如下措施。

一、加快高水平技术经纪人培养。实施技术经纪人培养专项计划，加强对技术经纪人的培养、指导与服务。依托高校院所、重点企业和新型研发机构等，强化特色化、专业化技术转移人才培养基地建设。依托人力资源机构和科技中介服务机构等，与高等院校深度合作，探索建设技术转移学院，开展技术转移相关专业教育。建设省技术经纪人培训师资库，遴选一批精通技术、产业、法律、投资等并具备丰富实践经验的人员入库，组建一支100人左右的高端师资队伍。力争到2025年，全省技术经纪人队伍规模达到8000人以上。

二、加强高端科技成果转移转化人才引进。围绕现代海洋、先进制造、新材料、现代农业等领域创新发展，支持骨干企业、头部技术转移服务机构、新型研发机构等面向省内外引进一批全职科技成果转移转化人才（团队）；柔性引进一批兼具科学家、企业家身份的复合型人才、天使投资人、创业导师等高端科技成果转移转化人才（团队）。采用任务委托方式进行管理，对绩效明显、贡献突出的个人（团队），给予政策性支持。力争到2025年，全省高端科技成果转移转化人才队伍规模达到300人以上。

三、优化科技成果转移转化人才岗位设置。推动高校院所、企业、科技园区、新型研发机构等根据实际需求，普遍设立科技成果转移转化专门岗位，聘用高水平技术经纪人（团队）开展工作，实现对科技成果转化和产业化的全流程赋能。充分调动省技术转移服务机构等各类技术市场主体的积极性，设立专职技术经纪人岗位，赋予其明确的责权利，更好发挥其在科技成果转化方面的团队带动作用，促进科技服务业发展质量提升。

四、拓宽科技成果转移转化人才应用场景。推动概念验证中心、科技成果转化中试示范基地、科技成果产业化示范基地等科技成果转化平台建设，将成果转移转化人才培养、引进和使用作为平台建设的重点任务。支持基础条件好、影响力大、辐射面广的技术交易市场主体，持续完善知识产权、中试孵化、法律咨询、招标拍卖等配套服务，营造有利于科技成果转移转化人才发挥作用的良好氛围。探索技术资本化机制，推动科技成果转移转化人才队伍与资本市场联动发展。

五、开展科技成果转移转化人才评先选优活动。依托第三方机构和社会化行业组织，每年从高校、院所、企业和技术转移转化服务机构等单位中评选"十大金牌技术经纪人"和"十大优秀技术转移服务机构"，面向社会公布，并给予鼓励、支持。支持有关单位探索设立"科技成果转移转化"社会力量科技奖励，鼓励表彰对科技成果转移转化做出突出贡献的个人和集体。

六、拓展科技成果转移转化人才发展空间。支持高校院所、企业围绕科技人员科技成果转化，建立健全职称评定和收入分配制度。鼓励技术转移人才直接从事成果转化，对转化技术合同年度到账额1000万元以上的，可按规定聘任到高级专业技术岗位，享受相应待遇；技术合同年度到账额3000万元以上的，其转化收益分配比例可"一事一议"商定。支持科技成果转移转化人才按照科技成果转化约定参与收益分配。

七、完善对科技成果转移转化人才的服务。建设科技成果转化信息服务系统和数据库，广泛征集科技成果，为科技成果转移转化人才提供完善的信息服务。组建科技成果评价专家库，建立健全科技成果评价机制，为科技成果转移转化人才提供科技成果评价服务。发挥行业组织和联盟单位的支撑作用，为科技成果转移转化人才在项目发现、团队构建、投资对接、商业加速、培训教育、法律保护等方面提供服务。

八、开展科技成果转化专项行动。开展"山东科技大市场"路演行动，依托高新区、创新型城市、济青烟科技成果转移转化示范区等创新载体，以高端科技成果转移转化人才为桥梁纽带，打造科技成果对接、转化的优质品牌。以技术转移服务机构等为依托，发挥专职技术经纪人作用，加强与高校院所、企业的定点联系，建立科技成果动态捕捉机制。定期举办产学研对接、科技成果直通车、交流考察、专题沙龙等活动，发挥好科技成果转移转化人才的主体作用。

九、建立健全工作保障机制。将科技成果转移转化人才队伍建设作为全省科技成果转化综合试点的重要任务，加强组织协调，加强各级各部门的工作联动，及时研究解决工作中的重点难点问题。构建省市县三级联动机制，形成工作合力，推动政府部门、高等院校、科研院所、中介机构、企业和投融资机构共同支持科技成果转移转化人才队伍建设。充分发挥省技术经纪服务联盟、黄河科创联盟、"三圈"科创联盟的市场化引领和服务作用，加快建设山东科技大市场。

科技部办公厅 贵州省人民政府办公厅关于印发《"科技入黔"推动高质量发展行动方案》的通知

国科办区〔2022〕87号

各有关单位：

为全面落实《国务院关于支持贵州在新时代西部大开发上闯新路的意见》（国发〔2022〕2号），科技部、贵州省人民政府共同研究制定了《"科技入黔"推动高质量发展行动方案》。现印发给你们，请结合实际，加强协同，做好组织实施工作。

科技部办公厅
贵州省人民政府办公厅
2022年6月23日

（此件主动公开）

"科技入黔"推动高质量发展行动方案

为深入贯彻落实《国务院关于支持贵州在新时代西部大开发上闯新路的意见》（国发〔2022〕2号），大力实施"科技入黔"，充分发挥科技创新在推动贵州高质量发展上的战略支撑作用，特制定本行动方案。

一、总体要求

（一）指导思想。

坚持以习近平新时代中国特色社会主义思想为指导，深入贯彻落实习近平总书记关于科技创新的重要论述，立足新发展阶段、贯彻新发展理念、构建新发展格局、推动高质量发展，牢牢把握贵州科技创新阶段性特征，紧密结合贵州产业发展基础和资源禀赋结构，深入实施创新驱动发展战略，着力推进以科技创新为核心的全面创新，夯实在新时代西部大开发上闯新路的动力基础，为打造综合改革示范区、巩固拓展脱贫攻坚成果样板区、内陆开放型经济新高地、数字经济发展创新区、生态文明建设先行区提供强有力的科技支撑。

（二）工作目标。

到 2025 年，"科技入黔"取得明显成效，具有贵州特色的以创新型城市、创新型县（市）和高新技术产业开发区为重要引擎的全域创新、开放创新格局基本形成，贵州经济增长实现由要素驱动转向创新驱动。到 2035 年，贵州综合科技创新水平进入全国中上游，创新要素高效集聚，科技实力显著提升，有力支撑现代化经济体系建设，为迈入创新型国家前列和实现高水平科技自立自强作出重要贡献。

二、重点任务

（三）推动具有贵州特色的全域创新，建设区域性创新高地。

建设"创新型贵州"，打造众多各具特色的创新型城市、创新型县（市）。实施"强省会"行动，推动贵阳大数据产业技术创新试验区高质量发展，创建贵阳国家科技成果转移转化示范区。支持贵阳、安顺、遵义国家高新技术产业开发区加强与东部省份，特别是广东省科技园区在项目、技术、资金和人才方面的交流合作，不断提升自身建设水平，增强省内辐射带动能力。推动六盘水、黔西南、毕节等高新技术产业开发区"以升促建"。发展壮大国家农业科技园区，培育建设国家农业高新技术产业示范区。推进国家级科技企业孵化器、大学科技园、专业化众创空间等双创载体建设，提升科技型企业培育孵化能力。

（四）建设国家科技创新基地，夯实创新发展基础。

加大国家科技计划对"中国天眼"（FAST）核心科学目标的支持，提升 FAST 数据资源整合能力，推动 FAST 步入科学产出新阶段。支持贵州在优势矿产资源开发利用、数字技术、空天科技、节能降碳、绿色农药、山地农业等领域培育建设国家级重大创新平台，参与全国重点实验室体系重组，申报建设国家技术创新中心，打造铝基新材料绿色创新基地。支持贵州在生物多样性、高原湖库、防灾减灾等领域建设野外科学观测研究站。支持贵州加强优势生物种质资源的汇集和共享利用。

（五）提升企业技术创新能力，促进特色优势产业发展。

支持贵州实施规上企业研发机构建设扶持计划，推动航空航天骨干企业加强产学研用融合创新，鼓励有条件的科技型企业承担国家科技计划项目。抢抓数字技术变革机遇，推动人工智能、区块链、云计算、物联网、工业互联网等新一代信息技术研发与应用，构筑数字产业发展新优势。聚焦关键核心技术攻关，在新能源动力电池及材料、功能性材料、非常规油气勘探开发、智能采掘、智能建造等领域实现突破，促进传统产业升级改造、战略性新兴产业培育壮大。

（六）加强农业领域科技创新，支撑乡村振兴战略实施。

支持贵州围绕粮食安全、耕地保护、林下经济等提升科技支撑能力，开展现代种业、特色杂粮、茶叶、辣椒、中药材，以及山地适用农机、农产品加工等关键核心技术攻关，大力发展山地特色高效农业。支持将贵州乡村振兴重点帮扶县科技需求纳入国家科技计划支持范围，鼓励国内高校院所在贵州设立科技示范和成果转化基地。支持共建"100+N"开放协同创新体系，促进创新主体协同互动和创新要素聚集，以"一县一团"方式，选派科技特派团助力重点帮扶县打造主导产业。

（七）推进绿色低碳技术创新，建设生态文明高地。

支持贵州践行"山水林田湖草沙是生命共同体"的系统思想，办好生态文明贵阳国际论坛，组织实施喀斯特峰丛洼地石漠化地区生态服务提升技术与模式、喀斯特地区石油类污染应急处置技术与装备研发科技计划项目。支持贵州提升磷、铝、锰、锂、金、萤石、重晶石等资源绿色勘探开发利用科技支撑能力，实施新一轮找矿突破战略，与知名科研院所、高等学校合作开展磷石膏、锰渣等工业固体废弃物无害化、资源化利用技术攻关，开展碳捕获利用与封存技术研发与试点示范。

（八）加强科技人才队伍建设，激发人才创新活力。

支持贵州打造科技创新与产业创新人才队伍，高水平建设重点实验室、技术创新中心、高新技术产业开发区等平台载体，充分发挥"揭榜挂帅""赛马制"等科研项目组织实施机制人才集聚作用，在数字经济、清洁能源、高端装备制造、山地农业等领域或行业吸引和培养一批科技领军人才。加大高等学校学科创新引智计划、国家创新人才推进计划等对贵州的支持力度，鼓励贵州为来黔创新创业的外国高端人才提供更多便利化服务。

（九）着力科技体制机制改革，营造良好创新生态。

支持贵州深化科技领域"放管服"改革，落实科技成果评价、赋予科研人员职务科技成果所有权或长期使用权、技术要素市场化配置等改革试点任务，探索开展高成长性大中型国有科技型企业股权期权激励改革，实施与技术成熟度相匹配多轮次快速融资，构建国家科技计划实施场景和成果转化部省协同联动机制。支持贵州建立多元化科技融资机制，推动颠覆性技术项目孵化落地。

（十）坚持开放创新，深化与东部地区科技合作。

支持贵州创新和完善东西部科技合作长效机制，吸引国家级科研单位、重点大型企业和高等学校在黔布局建设新型研发机构、开展技术研发和成果转化。推动省内科研院所、高校、企业与中科院、清华大学、上海交通大学、同济大学、南方科技大学等持续开展务实合作。不断拓宽与东部省市的科技合作与创新协作领域，积极构建"东部研发+贵州制造""东部成果+贵州转化"合作模式，提升科技支撑创新发展的能力。支持贵州贵阳深化与中关村国家自主创新示范区的科技合作，共建公共大数据国家重点实验室，推动人工智能、区块链、智能制造等领域科技成果贵州本地转移转化，促进贵州数字经济高质量发展。

三、保障措施

（十一）加强部省协调联动。

完善部省会商机制，有效集成全国科技创新资源，支持贵州创新发展。科技部加强统筹协调，发挥东西部科技合作机制作用，在政策与资金支持、创新资源导入、试点示范开展等方面加大支持力度。贵州省强化主体责任，结合自身资源禀赋，加强创新顶层设计，营造招商引资、招才引智政策环境，完善工作推进机制，明确任务分工，细化落实举措。

（十二）强化任务落地见效。

科技部各有关单位按照职能分工，在政策实施、部省联动项目、体制机制创新等方面给予贵州省指导支持。贵州省科技厅加强与科技部各有关单位的对接沟通，与省内各部门、各地方密切配合，按照任务分工和细化落实方案，体系化、清单化、项目化推进各项任务落实落地，并及时总结凝练可复制的好经验、好做法，加大宣传推广力度。

湖北省人民政府办公厅印发
关于进一步加强科技激励若干措施的通知

鄂政办发〔2023〕4号

各市、州、县人民政府，省政府各部门：

《关于进一步加强科技激励的若干措施》已经省人民政府同意，现印发给你们，请认真贯彻执行。

湖北省人民政府办公厅

2023年2月7日

关于进一步加强科技激励的若干措施

为深入贯彻党的二十大和习近平总书记关于湖北工作的重要讲话、指示批示精神，认真落实省第十二次党代会部署，树立勇担使命、潜心研究、创造价值的激励导向，营造有利于原创成果不断涌现、科技成果有效转化的创新生态，加快打造全国科技创新高地。根据党中央、国务院关于完善科技激励机制的文件精神，结合我省实际，制定本措施。

一、重点激励两类创新主体

（一）激励企业加大科技投入。与企业共同设立省自然科学基金联合基金，鼓励企业加强应用基础研究。支持企业开展关键核心技术攻关，企业牵头或参与的省级技术创新计划比例不低于70%。支持高新技术企业增加研发投入，对其研发投入增量每年按分段定额方式给予最高100万元补助。鼓励规上工业企业建设研发机构，三年内建设费用总计达到2000万元以上的给予不超过500万元支持，其中企业自建自用的，按照其建设费用10%的比例给予支持；对企业自建自用且年服务同类企业10家以上的，按照其建设费用不超过20%的比例给予支持。鼓励企业购买先进技术成果（来源于省级以上科技项目、科技奖励、创新平台）并在鄂转化、产业化，省市财政按其技术合同实际支付额给予10%补助、单个企业最高100万元。支持科技型中小企业使用科技创新券，

购买研发服务。（牵头单位：省科技厅、省经信厅、省财政厅；责任单位：各市、州、直管市及神农架林区人民政府）

（二）提升科技平台创新效能。支持创建国家科技创新平台，对新获批的全国重点实验室、国家技术创新中心、国家产业创新中心、国家制造业创新中心、国家临床医学研究中心、国家基础学科研究中心、国家工程研究中心等，按现行政策一次性给予配套支持；对新获批的国家野外科学观测研究站、国家科技资源库，给予补助资金支持。开展省级科技创新平台绩效评价，根据绩效评价结果奖优罚劣，对优秀的给予奖补支持，对不合格的予以整改、淘汰。从省级以上科技创新平台中择优确定试点单位，开展提取奖励经费试点，允许其从长期稳定支持科研经费中提取不超过20%作为奖励经费。支持省级以上科技创新平台或其依托单位自主开展中、高级职称评审，评审结果按要求报主管部门备案。（牵头单位：省科技厅、省财政厅；责任单位：省发改委、省经信厅、省人社厅）

二、精准激励三类科研人员

（三）加大青年科研人员培育。3年内，省级技术创新计划中由40岁以下青年科技人才担任项目负责人和骨干的比例达到30%以上。实施"青年科技人才服务企业专项"，支持青年科技人才服务企业科技创新。持续实施"青年拔尖人才培养计划"，每年遴选100名青年人才进行重点培养，其中青年科技人才的比例不低于总人数的80%。省自然科学基金加大对青年科技人才的资助力度，面上项目由40岁以下青年科技人才承担的比例达到50%以上。高校、科研机构应完善青年科研人员考核方式，实行项目周期考核等中长周期考核，减少考核频次，简化、淡化平时考核。（牵头单位：省委组织部，省科技厅、省教育厅；责任单位：省财政厅，团省委，各高校、科研机构）

（四）支持科研团队潜心研究。实施"基础研究特区计划"，以5年为一个周期，面向重点领域遴选优势科研团队，允许自由选题、自主使用经费，支持目标导向的自由探索。全时全职承担省级以上重点科技项目的团队骨干、以及引进的高端人才和急需紧缺人才等，可实行年薪制、协议工资制、项目工资等灵活多样的分配形式，所需绩效工资总量在事业单位绩效工资总量中单列，相应增加单位绩效工资总量，支持项目负责人根据项目实施需要，自主决定团队组建、经费预算、考核激励等；在合同约定的研究方向不变、考核指标不降低的前提下，项目负责人可以自主调整研究方案、技术路线。（牵头单位：省科技厅、省人社厅；责任单位：各高校、科研机构）

（五）鼓励科研人员转化科技成果。制定扩大职务科技成果赋权改革试点范围的实施方案，探索职务科技成果赋权、转化收益分配、国有资产管理等新模式。推动高校、科研机构建立"人才之家"，为兼职或离岗转化科技成果的科研人员提供人事、薪酬等管理服务。支持高校、科研机构管理人员和科研人员，在按有关规定履行审批程序后，以"技术股+现金股"组合形式持有股权，形成科技成果转化相关方利益捆绑、长期激励机制。科研人员获得的科技成果转化现金奖励和技术开发、技术咨询、技术服务等科研活动中的奖酬金，计入当年本单位工资总额，但不受总额限制，不纳入总额基数。科研人员离岗从事科技成果转化活动的，3 年内保留人事关系，可申请延长 1 次、期限不超过 3 年，工龄连续计算，转化科技成果的业绩作为考核和职称评聘等主要依据；返回如无相应岗位空缺，可暂时突破岗位总量聘用，并逐步消化。（牵头单位：省科技厅、省人社厅；责任单位：省财政厅，各高校、科研机构）

三、强化四项激励措施

（六）改进科研项目及经费管理。优化省级科技计划管理平台，实现一表多用、数据共享，实行项目材料网上全流程报送和"材料一次报送"。减少科技项目实施周期内的各类评估、检查、抽查、审计等活动，对同一项目同一年度的监督、检查、评估等结果互通互认。推广科研助理、财务助理制度，为科研人员在经费使用、课题验收等方面提供专业化服务；不要求科研人员参加应景性、应酬性活动、列席接待性会议和不必要的评审评价活动，保障专职科研人员工作时间不少于 4/5 用于科研。完善预算管理一体化系统，落实省级财政科技项目预算调剂及结转结余资金管理相关措施，不回收省级财政科技项目结转结余资金。（牵头单位：省科技厅、省财政厅；责任单位：各高校、科研机构）

（七）优化科技创新税收服务。简化办理流程和报送资料，落实研发费用税前加计扣除、高新技术企业税收优惠、创业投资企业所得税优惠、技术转让所得税收减免、科技企业孵化器等创新创业平台税收优惠政策，实现"应享尽享"。允许企业委托外部研发的费用按规定在税前加计扣除；企业出资给非营利性科研机构、高等学校和政府性自然科学基金用于基础研究的支出，按实际发生额在税前 100% 加计扣除。继续对在湖北自贸区工作的高端人才、紧缺人才个人所得税实际税负超过 15% 的部分予以政府补贴，及时积累总结经验，适时扩展政策实施范围。（牵头单位：省税务局；责任单位：省科技厅、省商务厅，各市、州、直管市及神农架林区人民政府）

（八）鼓励尽职免责担当作为。对研发风险高、探索性强、未达到预期目标的研究项目，可依据实验方法、实验路径、工作量、痕迹管理等过程指标完成情况，采取技术就绪度等方式正常结题。高校、科研机构依法依规制定的内部科研管理制度，可作为相关监督检查工作的重要依据。建立科技、教育、财政、人社等主管部门与纪委监委、巡视、审计等监督单位工作对接机制，合力推进科技激励政策落实。加强理想信念教育，广泛宣传科技创新模范人物和团队的先进事迹，大力弘扬新时代科学家精神，在全社会营造争做科技创新先锋的良好氛围。（牵头单位：省科技厅，省委宣传部，省科协；责任单位：省纪委监委机关、省委组织部、省委巡视办、省教育厅、省财政厅、省人社厅、省审计厅）

（九）优化科技创新考核机制。将全社会研发投入纳入市（州）高质量发展综合绩效考核；将

第八部分 政策篇

"市县科技创新综合考评"考核结果,作为地方党政领导班子和领导干部综合考核评价的重要依据。完善国有企业考核方式,将国有企业的研发费用在经营业绩考核中视同利润。(牵头单位:省委组织部,省发改委、省政府国资委;责任单位:各市、州、直管市及神农架林区人民政府)

各地各部门要加强组织领导,强化责任落实,健全财政科技投入稳定增长机制,密切协同配合,建立工作台账,细化实施方案,加快推进各项政策措施落实落地。科技管理部门要发挥牵头作用,加强统筹协调,定期开展监测评估。各级纪检监察机关、巡视巡察机构、审计部门要将科技激励政策落实情况作为重要内容,统筹安排年度监督检查计划,对勇于创新、实施较好的予以鼓励,对履责不到位的依法依规加强督促整改、问责追责。

陕西省财政厅 陕西省科学技术厅关于印发《陕西省高新技术企业和拟上市重点培育科技企业贷款（秦科贷）风险补偿实施细则》的通知

陕财办金〔2022〕44号

各设区市、杨凌示范区、韩城市财政局、科学技术局，全省相关银行业金融机构：

为进一步加快科技成果转化与产业化，深化我省科技金融融合发展，加力加速建设秦创原创新驱动平台，引导银行业金融机构加大对高新技术企业及拟上市重点培育科技企业的信贷支持力度。根据《陕西省中小微企业银行贷款风险补偿资金管理办法》（陕财办金〔2022〕41号），经研究决定，在陕西省中小微企业银行贷款风险补偿资金项下设立高新技术企业和拟上市重点培育科技企业贷款（秦科贷）风险补偿金。

为保障风险补偿工作安全、高效、规范运行，结合工作实际，特制定《陕西省高新技术企业和拟上市重点培育科技企业贷款（秦科贷）风险补偿实施细则》。现予印发实施，请遵照执行。

陕西省财政厅
陕西省科学技术厅
2022年9月26日

陕西省高新技术企业和拟上市重点培育科技企业贷款（秦科贷）风险补偿实施细则

第一章 总 则

第一条 为认真贯彻落实省委省政府关于秦创原创新驱动平台建设的决策部署，进一步加快科技成果转化与产业化，发挥财政资金引导和撬动作用，鼓励金融资源向科技创新领域配置，深化我省科技金融深度融合发展，制定本细则。

第二条 "秦科贷"是省科技厅会同省财政厅在"陕西中小微企业银行贷款风险补偿资金"项下设立的子产品。"秦科贷"风险补偿金适用企业为：依法注册、依法纳税，经认定的高新技术企业或已纳入省科技厅拟上市重点培育库的科技企业。"秦科贷"风险补偿金适用企业名录实行动态管理。

第三条 合作银行原则上选择全国性银行的省级分行和地方法人金融机构，省农村信用联合社统牵头负责辖区农村合作金融机构相关工作。优先选择：

（一）已与省科技厅签订科技和金融结合业务合作协议，并开展科技贷款业务的银行业金融机构；

（二）针对科技企业特点开发专属贷款产品，建立科技企业贷款绿色通道，优先投放科技贷款的银行业金融机构。

第四条 合作银行与"秦科贷"适用企业自由对接，企业自主提出贷款申请。合作银行独立审核、发放贷款，做好企业融资服务，简化工作流程，提高贷款效率。

第五条 本细则中支持的"秦科贷"业务是指合作银行向名单内企业发放的信用贷款、知识产权质押贷款等。"秦科贷"风险补偿金的申请和使用遵循"普惠高效、精准补偿、突出重点、风险分担"的原则。

第二章 管理职责

第六条 省科学技术厅职责：

（一）负责建立"秦科贷"适用企业名单，并按照相关规定向合作银行推荐企业的贷款需求；

（二）负责选择合作银行，开展绩效评价；

（三）负责指导并审核合作银行风险补偿申请，协调解决"秦科贷"业务开展中遇到的相关问题。

第七条 省财政厅职责：

（一）负责筹措、安排和审核拨付"秦科贷"风险补偿金；

（二）会同省科技厅制定"秦科贷"风险补偿金实施细则；

（三）配合省科技厅遴选合作银行，开展绩效评价等。

第八条 合作银行职责：

（一）按照要求制定"秦科贷"专项信贷服务方案、开发专属产品，建立推荐企业贷款绿色通道；

（二）负责本系统"秦科贷"业务台账跟踪管理，指定专门的支行和专人按季报送贷款项目信息、汇总统计，并对报送信息真实性、完整性、合规性负责；

（三）按规定申请风险补偿金，加强风险控制，积极尽责开展已补偿贷款项目处置工作，配合相关部门开展各项审计、监督、绩效评价等工作。

第三章　补偿对象、条件与程序

第九条　"秦科贷"风险补偿对象为确定的合作银行,不良贷款项目补偿须满足以下条件:

（一）"秦科贷"适用企业出现的不良贷款,且为签订合作协议以后新发放贷款;

（二）"秦科贷"业务应执行优惠贷款利率,最高不超过同期贷款市场报价利率LPR+150BP;

（三）获得"秦科贷"业务支持的企业,贷款资金须用于从事高新技术产品研制、开发、生产和服务等业务,不得用于转贷、委托贷款、并购贷款以及参与民间借贷和投资资本市场。

第十条　不良贷款项目和补偿标准:

合作银行开展的"秦科贷"业务,贷款本金逾期达90天仍无法收回的,合作银行启动贷款补偿追偿程序。对合作银行确认的不良贷款本金余额,给予20%～50%的风险补偿。

信用贷款。主要是指"秦科贷"适用企业用于生产经营的无抵押、无担保流动资金贷款,贷款期限原则上不超过1年,贷款额度不高于1000万元。

知识产权质押贷款。主要是指银行机构为"秦科贷"适用企业发放的知识产权质押贷款,贷款期限原则上不超过1年,贷款额度不高于2000万元。

拟上市重点培育科技企业贷款。主要是指银行机构为已纳入省科技厅拟上市企业重点培育库的科技企业发放的贷款,贷款金额不高于3000万元,贷款期限原则上不超过3年。

单户企业在"秦科贷"风险补偿资金下每次只能申请一笔贷款,且不得在其他中小微企业银行贷款风险补偿资金子项目下同时申请贷款;已享受过市（县）设立的风险补偿资金支持的贷款不得再申请"秦科贷"政策支持。

第十一条　补偿程序:

（一）在"秦科贷"逾期认定为不良后,合作银行应统一汇总系统内各分支机构符合补偿条件的不良贷款,按月向托管机构提交风险补偿申请,包括《风险补偿资金申请书》（附件1）、贷款合同、逾期证明、汇总表等。托管机构会同省科技厅审核后,于每季度结束后10个工作日内向省财政厅提出审核意见和风险补偿建议。

（二）省财政厅审核后通知托管机构拨付"秦科贷"风险补偿金,并附《"秦科贷"风险补偿通知书》（附件2）。各银行业金融机构可直接将补偿资金用于冲抵贷款本金损失。

第十二条　风险补偿工作完成后,合作银行应采取措施继续对不良贷款进行追偿和风险处置,在追偿收回贷款本金之日起10个工作日内,将追偿收回的扣除诉讼等相关费用的资金按照原比例、原渠道返还风险补偿资金,并附《风险补偿资金返还告知书》（附件3）。

第十三条　合作银行"秦科贷"业务贷款不良率超过 4%，将暂停合作银行风险补偿，压降贷款不良率符合标准后，经省财政厅、省科技厅研究确定后，重启补偿业务。在贷款投放初期，给予一定容忍度。

第四章　绩效和监督管理

第十四条　省财政厅会同省科技厅对"秦科贷"进行年度绩效评价，重点对合作银行贷款投放规模、支持企业数量、融资成本、审贷效率、不良贷款率、风险补偿资金使用情况进行绩效评价，适时通报。"秦科贷"业务的绩效评价结果作为"秦科贷"风险补偿资金安排预算的重要依据。

第十五条　省财政厅会同省科技厅不定期对"秦科贷"风险补偿业务开展情况进行监督检查，及时掌握风险补偿金使用和管理情况。

第十六条　对弄虚作假、骗取财政资金等违法违规行为，省财政厅将根据《中华人民共和国预算法》《财政违法行为处罚处分条例》等法律法规规定，追究有关单位和人员的责任，构成犯罪的，依法移送有关机关处理。

第五章　附　则

第十七条　本细则由省财政厅、省科学技术厅负责解释，本细则其他未尽事宜按照《陕西省中小微企业银行贷款风险补偿资金管理办法》（陕财办金〔2022〕41号）执行。

第十八条　本细则自印发之日起实施，有效期至 2025 年 12 月 31 日。

附件：1. "秦科贷"风险补偿申请表（略）

　　　2. "秦科贷"风险补偿通知书（略）

　　　3. 风险补偿资金返还告知书（略）

关于印发《新疆维吾尔自治区技术转移机构管理办法》的通知

新科规〔2022〕3号

伊犁哈萨克自治州科技局，各地（州、市）科技局，各有关单位：

为完善我区技术转移服务体系，培育和发展技术转移机构，促进技术转移和成果转化，现将《新疆维吾尔自治区技术转移机构管理办法》印发你们，请结合实际认真贯彻执行。

新疆维吾尔自治区科学技术厅

2022年6月24日

新疆维吾尔自治区技术转移机构管理办法

第一章 总 则

第一条 为贯彻落实《新疆维吾尔自治区实施〈中华人民共和国促进科技成果转化法〉办法》《新疆维吾尔自治区促进科技成果转移转化行动方案》和《关于推进全区技术转移体系建设的实施意见》，培育和发展全区技术转移机构，规范技术转移机构管理，完善技术转移服务体系，促进技术转移和成果转化，根据《国家技术转移示范机构管理办法》，结合我区实际，制定本办法。

第二条 本办法所称的技术转移是指制造某种产品、应用某种工艺或提供某种服务的系统知识，通过各种途径从技术供给方向技术需求方转移的过程。

本办法所称技术转移机构，是指为实现和加速上述过程提供各类服务的机构，包括技术经纪、技术集成与经营和技术投融资服务机构等，但单纯提供信息、法律、咨询、金融等服务的除外。

技术转移机构可以是独立的法人机构或法人的内设机构。

第三条 技术转移机构是以企业为主体、市场为导向、产学研相结合的技术创新体系的重要组成部分，是促进知识流动和技术转移的关键环节，是区域创新体系的重要内容。

第四条 技术转移机构的认定、管理遵循"坚持公平公正、发挥示范效应、实施动态管理"的原则。

第五条　新疆维吾尔自治区科学技术厅（以下简称"自治区科技厅"）负责技术转移机构的认定、指导、考核工作。各地、州（市）科技局，高校、科研院所和自治区有关单位负责本地区、本部门技术转移机构的归口推荐、组织实施和日常管理工作。

第二章　主要功能与业务范围

第六条　技术转移机构的主要功能是促进知识流动和技术转移，其业务范围包括：

（一）对技术信息的搜集、筛选、分析、加工；

（二）技术转让与技术代理；

（三）技术集成与二次开发；

（四）提供中试、工程化等设计服务，提供技术标准、测试分析服务等；

（五）技术咨询、技术评估、技术培训、技术产权交易、技术招标代理、技术投融资等服务；

（六）提供技术交易信息、科技成果展览、展示、交易及其平台服务；

（七）技术转移人才培训服务；

（八）其他有关促进技术转移的活动。

第七条　企业、高校和科研院所应建立技术转移机构或机制，通过整合内部资源，将其承担的国家及自治区重大科技计划、引导战略性新兴产业的原始创新和重点领域的集成创新所形成的成果，尽快转移、扩散到企业及各生产领域。

第八条　为提高技术转移服务的专业化水平与质量，鼓励建立专业性技术转移机构，支持技术转移机构向专业化方向发展，围绕一个或多个特定技术领域开展技术转移服务。

第三章　申报条件

第九条　申请成为自治区技术转移机构，应当具备下列条件：

（一）在自治区行政区域内登记注册1年以上的，具有独立法人资格的机构；或自治区行政区域内企事业单位的内设机构；或区外技术转移机构在我区登记注册的分支机构。

（二）符合国家、自治区产业政策，发展方向和经营服务理念明确，已形成适合服务项目的商业和服务模式。

（三）有从事技术转移业务的经历，有相对稳定的客户群及长期合作伙伴，经营状况良好。

（四）有符合条件的经营场所，有满足经营需求的办公设备和条件。

（五）人员结构及内设机构设置合理，有经过培训的技术转移专业人员，专业服务机构专职人员在3人以上，且应具备1名以上经培训获得相应资格证书（技术经纪人或技术经理人）的人员。

（六）管理规范，规章制度健全，应制定运行机制和管理规范，建立技术转移全流程的管理标准和内部风险防控制度、合理的员工激励和惩处制度。

（七）符合科研诚信审查要求，无不良信用记录或违纪违法行为。

第四章　认定程序

第十条　由符合条件的技术转移机构提出申请，各地、州（市）科技局，高校、科研院所和自治区有关厅局对申请材料的真实性、完整性、准确性进行初审后，向自治区科技厅择优推荐。

第十一条　自治区科技厅组织专家对申报机构材料进行评审，对通过评审的机构向社会公示，公示无异议或异议处理完毕的，命名为"自治区技术转移机构"并予以公布，有效期3年。

第十二条　申报机构如有伪造、虚报相关数据或证明材料行为，一票否决。

第十三条　自治区技术转移机构发生更名或与认定条件有关的重大变化，应在三个月内向自治区科技厅递交经推荐部门审查后的变更申请。

第五章　考核管理

第十四条　自治区科技厅对认定的技术转移机构实行年度工作报告制度。经认定的自治区技术转移机构应在次年1月底前，向自治区科技厅报送年度工作情况。

第十五条　自治区科技厅对认定满3年的技术转移机构进行考核，结果分为优秀、良好、合格和不合格四类。对考核不合格的机构，限期1年整改。

第十六条　已认定的技术转移机构，有下述情况之一的，取消资格，并自取消之日起2年内不得重新申报：

（一）不按要求提供年度工作报告、考核材料的；

（二）在技术市场服务过程中存在虚报、造假、不诚信经营等情况；

（三）限期1年整改，经考核仍不合格的；

（四）因从事的经营活动违法受到司法机关查处的；

（五）机构申请取消自治区级技术转移机构资格的。

第六章　扶持促进

第十七条　各地（州、市）科技局，高校、科研院所和自治区有关单位负责本地区、本部门技术转移机构的建设和发展，为技术转移机构提供相应的经费和条件支持。

第十八条　支持高新区、大学科技园、科技企业孵化器、高校、科研院所及社会团体建立专业技术转移机构，优先支持乌昌石国家自主创新示范区建立技术转移机构。鼓励专业技术转移机构早期介入科研团队研发活动，为科研人员知识产权管理、运用和成果转移转化提供全面和完善的服务。鼓励社会资金、创业投资、金融信贷等直接、间接投资支持技术转移和产业化。

第十九条　鼓励技术转移机构针对不同的项目和企业的需求，采取不同的运行模式和服务方法，促进科技成果加速实现技术转移和转化。

第二十条　鼓励技术转移机构开展技术转移人才教育、培训，建立具备技术开发、法律财务、企业管理、商业谈判等方面的专业知识和服务能力的技术转移人才队伍。

第二十一条　自治区科技厅按技术转移机构促成技术转移交易额的一定比例给予技术转移机构奖励补助。

第七章　附　则

第二十二条　本办法由自治区科技厅负责解释。

第二十三条　本办法自 2022 年 7 月 24 日起施行。有效期为 2022 年 7 月 24 日至 2027 年 7 月 23 日。

甘肃省人民代表大会常务委员会公告（第 87 号）

《甘肃省技术市场条例》已由甘肃省第十三届人民代表大会常务委员会第二十七次会议于 2021 年 11 月 26 日修订通过，现将修订后的《甘肃省技术市场条例》公布，自 2022 年 1 月 1 日起施行。

甘肃省人民代表大会常务委员会
2021 年 11 月 26 日

甘肃省技术市场条例

（2017 年 9 月 28 日甘肃省第十二届人民代表大会常务委员会第三十五次会议通过　2021 年 11 月 26 日甘肃省第十三届人民代表大会常务委员会第二十七次会议修订）

第一条　为了促进技术交易，维护技术市场秩序，保障技术交易当事人的合法权益，推动科技进步和经济发展，根据《中华人民共和国民法典》《中华人民共和国促进科技成果转化法》等法律、行政法规，结合本省实际，制定本条例。

第二条　自然人、法人和非法人组织在本省行政区域内从事技术交易、技术交易服务以及其他与技术市场相关的活动，适用本条例。

法律、行政法规对技术交易、技术交易服务以及其他与技术市场相关的活动已有规定的，依照其规定执行。

第三条　县级以上人民政府应当建立促进技术市场发展工作协调机制，完善专业化、社会化、网络化的技术市场服务体系，保障促进技术市场发展相关工作经费，营造公平竞争、规范有序的技术市场环境。

第四条　县级以上人民政府科学技术行政部门负责本行政区域内技术市场的监督管理和服务工作，其主要职责是：

（一）组织实施有关技术市场的法律法规；

（二）负责技术合同的认定登记、技术交易信息发布和技术市场统计监测等工作；

（三）负责技术市场相关人员的业务培训；

（四）会同有关部门依法查处技术交易和技术交易服务中的违法行为；

（五）法律、法规规定的其他职责。

县级以上人民政府其他有关部门，按照各自职责协同做好技术市场管理、服务工作。

第五条　技术交易当事人应当依法订立技术合同。

技术交易各方应当遵守平等、自愿、公平、诚信的原则。

第六条　技术交易不受地区、行业、隶属关系和专业范围的限制。

涉及国家安全、国家秘密、国家实行许可证制度和重大利益需要保密的技术进入技术市场，以及向境外出口技术或者向外商投资企业转让、许可技术，应当按照国家有关规定执行。

第七条　鼓励技术交易中介服务机构为技术交易和科技成果转化提供服务。

第八条　技术交易中介服务机构应当依法注册或者登记，依照法律、法规以及行业规范开展技术交易服务活动。

支持高等学校、科研机构、科技企业和其他社会组织设立技术转移部门。

第九条　从事技术经纪业务的人员应当具备相关专业知识，在技术交易活动中提供真实合法技术信息，依照法律、法规以及行业规范开展技术经纪活动，并按照约定为当事人保守技术信息和商业秘密，其合法权益受法律保护。

鼓励从事专业技术工作的技术经纪人员参加职称评审，拓展专业化技术转移人才职业发展空间。

第十条　在技术交易活动中，卖方应当是所提供技术的合法拥有者，并保证其所提供技术的真实性和完整性；买方应当按照合同约定使用技术并支付相应费用；中介方应当保证其所提供技术信息的真实性及其来源的合法性。

第十一条　制作、发布与技术和技术信息有关的广告，应当符合法律、法规的有关规定，并如实反映性能和效益。

第十二条　在技术交易活动中，禁止下列行为：

（一）侵犯他人知识产权及其他技术权益；

（二）窃取他人技术秘密；

（三）以欺诈、胁迫、贿赂等手段订立技术合同；

（四）非法垄断技术和阻碍技术成果转化应用；

（五）向他人提供危害国家安全、损害社会公共利益以及违反伦理道德的技术；

（六）法律、法规禁止的其他行为。

第十三条　县级以上人民政府科学技术行政部门通过技术合同认定登记，加强对技术市场和科技成果转化工作的指导、管理和监督。

技术合同认定登记是指技术合同登记机构对自然人、法人和非法人组织依法订立的技术开发合同、技术转让合同、技术许可合同、技术咨询合同和技术服务合同当事人申请认定登记的合同进行形式审查，并予以认定登记的专项管理工作。

第十四条 技术合同认定登记实行自愿申请原则，技术合同有效期内，当事人可以持书面技术合同和有关附件申请认定登记。

经认定登记的技术合同，当事人有权享受国家及本省相关优惠政策。

第十五条 市（州）、县（市、区）人民政府科学技术行政部门设立的技术合同登记机构，受理技术合同认定登记申请。

科学技术行政部门可以委托行业组织或者社会中介机构开展技术合同认定登记工作。

第十六条 技术合同登记机构应当依照有关法律、法规，对合同文本中的技术内容进行形式审查和认定。

技术合同认定包括以下内容：

（一）确认是否属于技术合同；

（二）确定技术合同类型；

（三）核定技术合同成交额和技术交易额。

在技术合同认定过程中，可以邀请相关领域专家参与。

第十七条 技术合同登记机构对符合条件的技术合同予以登记，并出具技术合同登记证明；对不符合条件的不予登记，并说明理由。

第十八条 当事人在技术合同中约定了保密义务的，技术合同登记机构应当对有关经营信息和技术信息采取保密措施。

第十九条 经认定登记的技术合同，当事人提出变更或者注销申请，提交材料齐全并符合法定形式的，技术合同登记机构应当根据国家和本省有关规定准予变更或者注销。

第二十条 经认定登记的技术合同，法人和非法人组织可以按照国家和本省有关规定，从所取得的技术交易净收入中提取一定比例作为奖励和报酬，给予技术成果完成人和为成果转化做出重要贡献的人员。

第二十一条 国家工作人员未依法履行技术市场管理职责，泄露国家秘密以及当事人商业秘密或者有滥用职权、玩忽职守、徇私舞弊行为的，由所在单位或者主管部门对相关责任者依法给予处分；构成犯罪的，依法追究刑事责任。

第二十二条 违反本条例规定的行为，法律、行政法规已有处罚规定的，依照其规定执行。

第二十三条 本条例自 2022 年 1 月 1 日起施行。

关于印发《大连市科技成果转化专项资金管理办法》的通知

大科规发〔2023〕2号

各有关单位：

为深入贯彻落实创新驱动发展战略，推进我市科技成果转移转化工作，促进产业结构优化，强化对高质量发展的支撑引领作用，经市政府同意，现将《大连市科技成果转化专项资金管理办法》印发给你们，请遵照执行。

大连市科学技术局
大连市财政局
2023年5月30日

大连市科技成果转化专项资金管理办法

第一章 总　则

第一条　为深入贯彻落实创新驱动发展战略，推进科技成果本地转移转化，促进产业结构优化，强化对高质量发展的支撑引领作用，制定本办法。

第二条　在市财政科技创新专项中安排科技成果转化专项资金（以下简称专项资金），用于促进科技成果转移转化。

第三条　专项资金的管理和使用，应遵循明确目标、突出重点、创新机制、统筹资源的原则。

第四条　市科技局负责编制年度专项资金预算，提出年度专项资金支持方向，发布申报指南、组织项目申报和评审，编制资金分配方案，拨付资金到项目单位。

市财政局负责组织专项资金预算编制和审核，批复下达年度预算，根据市科技局的申请拨付资金。

第二章　支持对象和基本条件

第五条　专项资金支持对象：

（一）向企业转化科技成果的在连高校院所；

（二）吸纳高校院所科技成果的在连企业；

（三）技术转移服务机构；

（四）科技成果转化服务平台；

（五）科技成果转化中试基地，以及通过其验证并在连转化的中试项目。

第六条　专项资金支持基本条件：

（一）所支持企业应在连具有独立法人资格；

（二）科技成果来源于国内外高校院所，以技术开发、技术转让、技术许可或作价投资合同形式，由我市企业吸纳，单个技术合同交易额应达到 20 万元以上（含 20 万元）；技术合同应经认定登记，技术交易支付凭证齐全；

（三）技术转移服务机构指为实现和加速制造某种产品、应用某种工艺或提供某种服务的系统知识，通过各种途径从技术供给方向技术需求方转移提供各类服务的机构，应为在连法人或非法人组织；

（四）科技成果转化服务平台指具备成果展示、技术交易、政策咨询、资本对接、国际合作、知识产权、交流培训等部分或全部功能的从事科技成果转化服务的综合性平台，投资主体或运营主体应为在连法人或非法人组织；

（五）科技成果转化中试基地指以企业、科研院所、第三方转移转化服务主体、双创孵化载体等为依托，为科技成果进行二次开发实验和企业规模生产提供成熟、适用、成套技术而开展中间试验的科研开发实体，投资主体或运营主体应为在连法人或非法人组织。通过科技成果转化中试基地验证并在我市转化的中试项目承担单位，应为在连具有独立法人资格的企业。

第三章　支持政策

第七条　在连高校院所向企业转化科技成果，签订技术开发、技术转让、技术许可或作价投资合同，按照实际发生技术交易额或相关股权进行折算的金额给予高校院所最高 8% 奖励，单项最高不超过 50 万元。企业吸纳高校院所科技成果，签订技术开发、技术转让、技术许可或作价投资合同，按照实际发生技术交易额或相关股权进行折算的金额给予企业最高 15% 补助，单项最高不超过 100 万元。同一合同按认定时间所在年份计算，奖励周期不超过 3 年。单项申报奖励额低于 1 万元的不予支持。奖励资金主要用于奖励科技成果转化工作部门和对促进科技成果转化有突出贡献的人员。

第八条 高校院所通过技术转让、技术许可或作价投资方式以无形资产入股创办企业，技术合同交易额 100 万元（含）以上，知识产权权属明确，技术占股比例达到 20%（含）以上，经组织专家评审、报市政府同意后，确定为大连市重大科技成果转化项目。企业在享受第七条政策的基础上，可享受以下政策：

（一）支持社会化基金采取股权投资方式投资企业，对首次融资到位金额 500 万元以上（含）的项目，按融资到位金额最高 10%、给予企业最高 100 万元一次性奖励补助。

（二）对企业发生的银行贷款给予贴息补助，贴息期限不超过 3 年（按项目入库时间所在年份起算），贴息比例按照中国人民银行一年期贷款市场报价利率 50% 确定，贴息补助累计最高 100 万元。

（三）对上年度实现销售收入首次达到 300 万元以上（含）的企业，按销售收入 10%、给予最高 300 万元一次性奖励补助。

此外，鼓励政府引导基金，按照市场化原则，支持重大科技成果转化项目，具体事宜按照有关规定执行。

第九条 对技术转移服务机构（不含高校院所）促成高校院所科技成果向我市企业转化，签订技术转移中介合同（技术开发、技术转让、技术许可或作价投资合同），按促成技术合同实际发生技术交易额最高 5% 给予一次性经费补助，最高不超过 30 万元。技术转移服务机构应使用获得的补助资金对聘用的技术经纪人进行激励。对新获批的国家级、省级、市级技术转移示范机构，按"就高不重复"原则一次性给予 50 万元、40 万元、30 万元补助。

第十条 对科技成果转化服务平台，根据其成果评价体系建设、技术交易情况、成果与需求库建立、技术经纪人培养、交流培训等活动进行综合能力评估，对评估优秀的转化服务平台，可连续三年每年给予最高不超过 300 万元补助。具体评估办法另行制定。

第十一条 对市级科技成果转化中试基地，按照新增科研设施建设经费给予最高 500 万元补助。对在中试基地验证并在我市落地转化的中试项目，上年度实现销售收入首次达到 300 万元以上（含），对 300 万元以上、500 万元（含）以下部分的 2%，对 500 万元以上部分的 1%，给予总额最高 100 万元一次性奖励补助。转化项目产品的销售收入，应为销售项目产品所产生的直接销售收入。企业应对转化项目的销售收入进行单独核算，准确核算项目产生的直接销售收入。本条政策与第八条政策不可兼得。重大中试基地项目可按照"一事一议"原则给予支持。

第四章 申报流程

第十二条 市科技局编制并向社会发布项目申报指南，指南明确支持对象和申报条件，规定申报方式、推荐程序及相关要求。

第十三条　按照申请单位属地或行政隶属关系，归口管理部门（区市县科技管理部门、高校院所等）对项目进行初审推荐。市科技局根据初审推荐意见，对推荐项目进行受理。

第十四条　市科技局根据需要组织专家评审或第三方审计，可到项目申报单位进行现场考核。

第十五条　市科技局对拟支持项目通过网站等方式进行社会公示，公示期为 5 个工作日。

第十六条　公示无异议或经调查异议不成立的项目，由市科技局编制资金分配方案，向市财政局申请资金。市财政局根据市科技局资金分配方案将资金拨付至市科技局，由市科技局拨付资金至项目申报单位。

第五章　监督管理

第十七条　加强专项资金绩效管理，具体要求按照《中共大连市委　大连市人民政府关于全面实施预算绩效管理的实施意见》（大委发〔2019〕22 号）、《大连市财政项目支出预算绩效管理办法》（大财绩〔2020〕956 号）等文件执行。

第十八条　全面实施科研诚信承诺制。在项目申报、评审等项目管理工作中，全面推行科研诚信承诺制度，从事申报、评审等工作的相关人员应签署科研诚信承诺书。对项目资金资助的单位存在弄虚作假、截留、挪用、挤占、骗取资金等违法违纪行为的，列入科研诚信失信名单，并按照相关法律法规追究相关单位和责任人的责任。

第十九条　财政部门及其相关工作人员在成果转化专项预算安排，科技管理部门及其相关工作人员在成果转化专项分配等环节，存在违反规定安排资金或其他滥用职权、玩忽职守、徇私舞弊等违法违纪行为的，按照《中华人民共和国预算法》《中华人民共和国公务员法》《中华人民共和国监察法》《财政违法行为处罚处分条例》等国家有关法律法规追究相关单位和人员的责任；涉嫌犯罪的，移送司法机关处理。

第六章　附　则

第二十条　本办法自 2023 年 7 月 1 日起正式施行，有效期 3 年。

青岛市人民政府关于印发青岛市实施"硕果计划"加快促进科技成果转移转化若干政策措施的通知

青政字〔2022〕21号

各区、市人民政府，青岛西海岸新区管委，市政府各部门，市直各单位：

现将《青岛市实施"硕果计划"加快促进科技成果转移转化的若干政策措施》印发给你们，请认真贯彻执行。

青岛市人民政府
2022年5月8日

青岛市实施"硕果计划"加快促进科技成果转移转化的若干政策措施

为深入贯彻创新驱动发展战略，落实国家科技体制改革三年攻坚方案和《青岛市"十四五"科技创新规划》，加速科技成果向现实生产力转化，建立以企业为主体、市场为导向、产学研用深度融合的成果转化机制，特实施科技成果转移转化促进计划（简称"硕果计划"），通过实施"硕果计划"，力争到2024年，实现"四个倍增"，全市输出和吸纳技术合同成交额达到1200亿元、专业技术转移人才超过2000名、高校院所本地转化科技成果数量超过2000项、孵化器在孵科技型中小企业数量达到4000家以上，全市科技成果转化活跃度和技术转移能力明显提升。为此，制定以下政策措施。

一、优化科技成果源头供给

（一）激发高校服务地方活力。鼓励驻青高校以市场应用为导向，加强产教融合，主动服务我市重点产业发展，积极增设"急需紧缺"专业，培养地方需求的高精尖缺人才。支持建设大学科技园服务科技成果本地转化，大学科技园建设纳入各区（市）发展规划。开展驻青高校服务地方活力绩效评价，根据评价结果，对符合条件的给予最高 1000 万元综合奖补。（责任单位：市教育局、市科技局、市财政局，各区、市政府，青岛高新区管委、青岛蓝谷管理局）

（二）引导研发机构定向服务企业。鼓励科研院所、新型研发机构健全服务地方科技成果转化体制机制，围绕企业需求提供"订单式"研发服务，依法依规开展科技成果转化项目经理人制度，向本地输出高质量科技成果，孵化高科技企业。根据服务本地实际贡献增量，对符合条件的给予最高 200 万元奖补。（责任单位：市科技局）

（三）支持企业建设创新联合体。强化市与区（市）联动，支持领军企业联合高校院所等组建创新联合体，开展重大项目研发、科研成果转化及产业化，强化共性技术供给。根据建设目标绩效，给予最高 2000 万元奖补。（责任单位：市科技局，各区、市政府）

（四）激励科技人员释放创新创业潜能。支持高校院所制定创新创业激励政策，完善科技成果转移转化自主决策和市场化定价机制，健全单位、科研人员、转化服务方科技成果转化收益分配制度，依规探索开展科技成果持股改革试点。支持高校院所探索本地科研项目结余经费循环投入机制，探索通过利用结余经费依法成立项目公司、开展转化投资等方式用于科技成果转化，形成的收益反哺项目研发。（责任单位：市科技局、市教育局、市人力资源社会保障局、市财政局）

（五）建立科技成果价值评估制度。健全科技成果分类评价体系，培育具有较强公信力和市场认可度的评价机构。创新市级科技项目遴选机制，对关键技术攻关及产业化类等项目开展立项前技术成熟度评价，重点支持预期成果成熟度高的项目。建立财政资金资助科研项目形成知识产权的声明制度。（责任单位：市科技局）指导驻青专利技术转移转化试点高等学校、科研院所建立专利申请前评估制度，提升专利申请质量。建立市场化高价值专利指标体系，聚焦我市重点产业构建关键核心技术专利组合（专利池），对入围企业最高奖励 100 万元。（责任单位：市市场监管局）

二、促进科技成果落地转化

（六）支持企业实施科技成果产业化。对符合我市重点产业领域并落地转化的重大科技成果，通过贷款贴息、股权投资等形式给予最高 2000 万元支持，特别重大项目"一事一议"。（责任单位：市科技局、市工业和信息化局、市财政局，各区、市政府，青岛高新区管委、青岛蓝谷管理局）支持企业实施技术改造承接科技成果转化。对实施技术改造并达到一定标准的规模以上制造业企业，按照企业年度设备投资不超过 16% 的比例给予奖补，单个企业当年获得奖补资金总额不超过 600 万元；新一代信息技术、新能源汽车、生物医药、智能家电、高端装备、新材料、高端化工等产业领域实施重大技术改造项目的企业，可视情依法依规按上述比例通过财政奖补或股权投资等方式给予最高 2000 万元支持。（责任单位：市工业和信息化局、市科技局）支持企业参加中国创新创业大赛、全国颠覆性技术创新大赛，对本地获奖企业给予最高 30 万元奖励；对在青落户的外地获奖

企业给予最高100万元落户奖励。（责任单位：市科技局，各区、市政府，青岛高新区管委、青岛蓝谷管理局）

（七）支持科技成果示范应用场景建设。坚持全市统筹协调，以区（市）为主体，根据优势产业布局，建设1～2项创新产品和服务应用场景示范项目，支持科技型中小企业新技术、新产品就地应用，市级根据区（市）投入和示范绩效，按每个项目最高200万元给予奖励。用足用好省级创新产品目录，落实政府采购创新产品和服务的首购订购制度，依法依规探索政府采购支持首台（套）推广应用试点。（责任单位：各区、市政府，市工业和信息化局、市科技局、市财政局）

（八）打造科技成果转化示范园区。推动纳入园区培育计划的科技园区建设，以园区为载体实现科技型企业集聚发展，支持园区企业技术攻关、平台建设等项目，每个项目给予最高500万元支持。建立企业技术需求"揭榜"攻关快速响应机制，鼓励区（市）发挥就地服务优势，积极对接园区企业技术需求并遴选"揭榜"攻关项目，随发随评，市级根据区（市）支持和项目研发投入给予最高50万元支持，优先支持高校院所优秀青年科技人才牵头"揭榜"项目，每年最多50项。（责任单位：市科技局、市财政局，各区、市政府，青岛高新区管委、青岛蓝谷管理局）

（九）搭建科技成果中试熟化平台体系。支持头部企业或专业服务机构在有条件的园区建设中试平台、熟化基地等，对符合条件的给予最高2000万元支持。鼓励专业服务机构探索产学研利益共享机制和"先中试、后孵化"等模式，整合高校院所、企业、医疗卫生机构的存量中试设施资源，建设以样品样机、临床验证为重点的中试服务平台，发布服务清单，持续服务科技成果工程化和产品化，根据平台服务绩效，对符合条件的给予最高200万元奖补。（责任单位：市科技局、市卫生健康委，各区、市政府、青岛高新区管委、青岛蓝谷管理局）鼓励医疗卫生机构开放资源，为企业提供临床试验服务，将符合条件的临床试验项目视同市科研项目，纳入医疗卫生机构绩效考核和任用职称评审体系。（责任单位：市卫生健康委、市人力资源社会保障局）

三、加强科技成果转化市场要素集聚

（十）培养壮大技术转移专业队伍。鼓励高校院所多种形式建设专业化、市场化技术转移机构，为从事科技成果转化人员设立技术经纪专业职称系列和岗位。对科技成果转化成效显著的高校院所，可适当依法提高高级专业技术岗位结构比例。鼓励高校设置技术转移相关专业或课程体系，开展学历教育、继续教育。将技术转移人才纳入市"拔尖人才"选拔范畴。支持企业全职引进高层次技术转移人才，按照《关于促进产才融合发展的若干措施》（青厅字〔2020〕39号）等相关政策予以支持。（责任单位：市人力资源社会保障局、市教育局、市科技局、市委组织部）发挥中国—上合组织技术转移中心等多边组织平台作用，拓展渠道促进国际技术转移。鼓励技术转移机构联合建立技术转移服务联盟，提高中介服务标准化程度，打造成熟的技术经纪人队伍，推动技术转移资源、信息、

经验共享和扩散。支持技术合同服务点深化产学研对接服务，按上年度登记技术合同成交额给予最高 50 万元补助。（责任单位：市科技局）

（十一）打造高水平专业化创业孵化载体。支持行业龙头企业建立开放式创新机制，建设专业孵化载体承接科技成果转化应用，培育孵化企业集群。对认定为国家级孵化器、国家专业化众创空间的给予最高 100 万元奖励。引导孵化器高质量发展，围绕重点产业建设细分领域专业孵化器，打造不同特色模式的标杆孵化器，对认定为标杆孵化器的，根据绩效分级予以奖补，最高支持 1000 万元。（责任单位：市科技局）

（十二）建立全链条支持科技成果转化基金群。研究成立科技创新投资集团，建立科技成果转化项目库，创新支持科技成果转化的早期基金投入机制，对科技成果项目中试、工程化和初创企业按照不同机制进行分段投资，与科创母基金、政府引导基金参股的创业投资基金、私募股权投资基金、国有资本股权制基金等构成基金群，形成科技成果转化全链条接力支持。（责任单位：市国资委、市科技局、市财政局、市地方金融监管局）建立早期基金容错机制，对科技成果转化基金实施全过程绩效管理，不以单一项目、单一基金论成效，根据基金整体成效进行审计评价、绩效考核，政府引导基金的专项资金依法依规可让渡全部超额收益。（责任单位：市科技局、市国资委、市财政局）

（十三）推进大型科学仪器设备开放共享和科技创新券服务。加强高校院所、企业利用财政资金购置大型科学仪器设备的开放共享服务，建立考核评价机制。建立市级财政资金购置建设大型科学仪器设备联合评议工作机制。（责任单位：市科技局）拓展科技创新券政策支持范围，联动胶东经济圈和黄河流域等科技创新资源，吸纳外地创新券服务机构入库，支持本市科技型中小企业跨区域使用创新券购买科技研发、检验检测等服务，按企业实际支付费用最高 30% 比例、年最高 20 万元标准予以兑付。（责任单位：市科技局）

（十四）建立科技成果交易平台。强化技术要素交易平台服务功能，依托青岛产权交易所设立科技成果交易平台，提供科技成果、股权网络竞价转让等服务，探索建立从实验研究到生产的全过程科技创新融资模式，促进知识产权成果资本化、产业化。鼓励高校院所为转化科技成果创办"学科性公司"，对成果转化成立企业过程中无形资产确权后归属高校院所部分所形成的股权，依法进行转让。（责任单位：市国资委、市科技局）

四、强化科技成果转化服务支撑

（十五）建立科技成果信息服务系统。通过政府购买服务等方式，支持以市场化机制建设全市科技成果供需信息汇集服务系统，围绕重点产业领域定期发布科技成果包，常态化开展产业科技沙龙、产学研对接等活动。设立科技成果转化"一站式"信息服务窗口，建立"统一受理、分解处理、统一回复"服务机制。（责任单位：市科技局、市民营经济局）采取政府购买、开放共享的模式，

逐步打造覆盖我市重点产业的技术图谱服务系统，避免科技人员与市场需求脱节或重复研发。（责任单位：市科技局）

（十六）健全科技成果转化奖励和尽职免责机制。发挥市科技创新委员会的统筹协调作用，强化政策协同，指导高校院所、国有企业建立机制落实科技成果转化尽职免责负面清单。探索高校院所依法依规制定的市级财政奖补经费使用管理细则，可作为审计检查依据。将科技成果转化绩效纳入国有企业创新能力评价，国有企业的研发投入在企业负责人经营业绩考核中"视同利润"予以还原，符合法定免责情形的，依法依规办理亏损资产核销手续。（责任单位：市科技局、市国资委、市财政局）依法探索在市科学技术奖中设置"科技成果转化卓越贡献奖"，重点奖励在产学研合作和科技成果转化工作中有突出贡献的科技人员和产业化实施者。（责任单位：市科技局）

本措施自发布之日起实施，有效期3年。此前发布的有关文件规定与本措施不一致的，按本措施执行。涉及资金奖补政策的，相关部门出台实施细则予以执行。

深圳市科技创新委员会关于印发《深圳市概念验证中心和中小试基地资助管理办法》的通知

深科技创新规〔2022〕6号

各有关单位：

为进一步促进科技成果产业化，规范管理概念验证中心和中小试基地的建设和资助，根据《深圳经济特区科技创新促进条例》和《深圳市关于进一步促进科技成果产业化的若干措施》（深府办〔2021〕1号）等有关规定，结合实际，特制定了《深圳市概念验证中心和中小试基地资助管理办法》。现印发给你们，请遵照执行。

深圳市科技创新委员会

2022年10月10日

深圳市概念验证中心和中小试基地资助管理办法

第一章 总 则

第一条 为进一步促进科技成果产业化，规范管理概念验证中心和中小试基地的建设和资助，根据《深圳经济特区科技创新促进条例》和《深圳市关于进一步促进科技成果产业化的若干措施》（深府办〔2021〕1号）等有关规定，结合实际，特制定本办法。

第二条 本办法所称的概念验证中心是指依托具备基础研究能力的高等院校、科研机构、医疗卫生机构、企业和社会组织，聚集成果、人才、资本和市场等转化要素，营造概念验证生态系统，加速挖掘和释放基础研究成果价值的新型载体。

第三条 本办法所称的中小试基地是指依托具有行业优势和公共服务功能的高等院校、科研机构、企业和社会组织，围绕行业内企业产品开发工艺可行性、稳定性和安全性验证需求，提供科研成果的二次开发、工艺验证和试生产等中小试服务的开放型载体。

第四条 市科技行政主管部门对符合条件的概念验证中心和中小试基地采取"先建设、后认定"的方式进行事后资助，每年在科技研发资金中安排经费，择优进行认定资助和评估资助。概念验证中心和中小试基地财政资助资金应按照《深圳市科技研发资金管理办法》中事后资助资金有关规定使用。

第二章 职　责

第五条 市科技行政主管部门指导和监督概念验证中心、中小试基地建设和运行管理，主要职责是：

（一）制定实施年度建设认定计划，编制发布认定和评估奖励资助申请指南，组织实施年度认定和评估资助计划。

（二）审核与批准概念验证中心、中小试基地的认定、资助、变更和撤销。

（三）指导概念验证中心、中小试基地运行管理，开展考核评估和监督检查。

（四）工作职能范围内的其他工作事项。

第六条 依托单位承担概念验证中心、中小试基地建设和运行管理的主体责任，主要职责是：

（一）负责概念验证中心、中小试基地的建设和运行管理，制定定位准确、目标明确、架构清晰、路径完善的建设方案，建立健全组织架构和运行机制，提供人才、经费、设备和场地等必要保障条件，解决建设与运行中的有关问题。

（二）聘任概念验证中心主任和技术职业经纪（经理）人，组建概念验证项目遴选顾问专家团队和概念验证服务人才团队；聘任中小试基地主任和中小试专业工程师，组建中小试项目遴选顾问专家团队和中小试服务人才团队。

（三）向市科技行政主管部门提交概念验证中心、中小试基地的认定申请，定期主动向市科技行政主管部门提交概念验证中心、中小试基地评估申请；开展年度考核并提交年度考核报告，配合市科技行政主管部门做好概念验证中心、中小试基地的认定、监督、评估和绩效评价等管理工作。

（四）对概念验证中心、中小试基地实行运营和核算；对获得认定和评估的财政资助资金进行专项台账管理、核算，统筹用于概念验证中心、中小试基地的建设和运营。

（五）对概念验证中心和中小试基地涉及科技伦理和国际合作的活动进行管理。

第七条 概念验证中心的主要职责是：

（一）制定遴选评审、成果收益、绩效评价、科研诚信、科研伦理和安全生产等内部管理和运营制度。

（二）开展概念验证项目遴选、验证分析、投融资和创业孵化等工作。

（三）编制概念验证中心年度考核报告和下一年度工作计划，报告内容应包括概念验证中心管理制度建设、资金使用、验证服务、创业孵化案例、成果收益和绩效评价等情况。

第八条 中小试基地的主要职责是：

（一）制定遴选评审、中小试服务、绩效评价、科研诚信、科研伦理、安全生产等内部管理和运营制度。

（二）开展中小试项目遴选开发、工艺放大、仪器开放共享和企业孵化等工作。

（三）编制中小试基地年度考核报告和下一年度工作计划，报告内容应包括中小试基地管理制度建设、资金使用、中小试服务、仪器开放共享、企业孵化案例、成果收益和绩效评价等情况。

第三章 概念验证中心认定资助

第九条 市科技行政主管部门制定和发布概念验证中心认定资助申请指南，原则上每年组织开展一次认定资助工作。概念验证中心的认定采取"先建设，后认定"的工作机制，申请单位自主建设、自主管理，建设完成并达到认定条件后，再独立申请认定资助。同一概念验证中心最多可以申请获得一次认定资助。

第十条 申请概念验证中心认定资助的依托单位，应符合以下条件：

（一）在深圳市（含深汕特别合作区，下同）依法注册、具有独立法人资格的高等院校、科研机构、医疗卫生机构、企业和社会组织。

（二）概念验证中心应制定完善的建设方案，具有明确的目标、完整的服务和运行管理制度。依托单位为高等院校、科研机构和医疗卫生机构的，应曾经承担市级及以上科技计划项目，具有较强的技术储备基础和技术扩散能力，具备提供概念验证服务的成功经验；依托单位为企业和社会组织的，应与相关领域的单位建立了长期稳定的委托合作关系，具备提供概念验证商业委托开发的能力。

（三）聘任概念验证中心主任1名，具有较强的组织管理和协调能力，熟悉科技成果基础研究、概念验证、创业孵化、投融资等全链条科技成果转化流程，具有本科（含）以上学历或中级（含）以上职称；聘任专职技术职业经纪（经理）人不少于2名，熟悉科技成果产品开发、实验验证分析、商业顾问咨询、投融资孵化等科技成果转化服务，具有本科（含）以上学历或中级（含）以上职称。

（四）建立概念验证项目服务人才团队，总人数不少于10人，其中专职服务人员不少于5人，具有本科（含）以上学历或中级（含）以上职称的人员不低于总人数的80%，提供概念验证项目场景对接、指导咨询、跟踪培训、交流推广和其他延伸配套服务。

（五）建立概念验证项目遴选顾问专家团队，总人数不少于5人，该团队由学术界、产业界和投资界专家组成，主要负责对概念验证项目库入库项目进行遴选和评价。

（六）建立概念验证项目库，入库项目数量不少于5个，鼓励获得国家、省和市科技计划资金立项并通过验收的基础研究项目优先进入概念验证项目库。依托单位为高等院校、科研机构和医疗卫生机构的，应提供概念验证入库项目概念验证可行性方案，包括理论研究基础和验证实施方案。依托单位为企业和社会组织的，应提供概念验证入库项目企业委托验证合同和可行性方案。

（七）依托单位为高等院校、科研机构和医疗卫生机构的，应具备良好的概念验证、创业孵化和路演展示条件和基础，拥有相对固定的办公场所，用房面积不少于 200 平方米；依托单位为企业和社会组织的，应具备相对固定的概念验证专门用房，用房面积不少于 200 平方米。

（八）概念验证中心的专职人员、研发场地不得与市级及以上创新载体重复。

第十一条　申请单位应根据概念验证中心申报指南要求，向市科技行政主管部门提交概念验证中心建设方案、第三方审计机构出具的前两个年度概念验证服务费用专项审计报告、概念验证项目库、概念验证服务人才团队和遴选专家顾问团队名单等申请材料。

概念验证服务费用主要包括聘任技术职业经纪（经理）人、专家顾问咨询、项目实验验证、商业投融资服务、创业孵化培训、工程软件的版权费用、房屋租赁、场地改造装修和其他延伸配套服务等费用。

第十二条　市科技行政主管部门按照以下程序对受理的概念验证中心项目进行认定资助：

（一）根据概念验证中心年度认定资助申请指南对项目申报材料进行形式审查，专家评审、现场考察和专项审计。

（二）综合专家评审、现场考察和专项审计的情况，按资助原则、标准，择优确定概念验证中心资助名单及资助金额。

（三）拟资助名单及资助金额面向社会公示 10 日，公示期满无异议或经核查异议不成立的，下达资助计划，拨付资助资金；公示期经核查异议成立的，由市科技行政主管部门重新审核并予以公布。

（四）获得认定资助的概念验证中心统一命名为"深圳市××概念验证中心"。

第十三条　市科技行政主管部门对认定的概念验证中心采取事后资助的方式，资助金额按照申请单位经第三方审计机构出具的前两个年度概念验证服务费用予以支持，认定资助最高不超过 500 万元。

第四章　中小试基地认定资助

第十四条　市科技行政主管部门制定和发布中小试基地认定资助申请指南，原则上每年组织开展一次中小试基地认定资助工作。中小试基地的认定采取"先建设，后认定"的工作机制，申请单位自主建设、自主管理中小试基地，建设完成并达到认定条件后，再独立申请认定资助。同一中小试基地最多可以申请获得一次认定资助。

第十五条　申请中小试基地认定资助的依托单位，应符合以下条件：

（一）在深圳市（含深汕特别合作区，下同）依法注册、具有独立法人资格的高等院校、科研机构、企业和社会组织。

（二）中小试基地应制定完善的建设方案，具有明确的目标、完整的服务和运行管理制度。依托单位为高等院校和科研机构的，应曾经承担市级及以上科技计划项目，具有较强的技术储备基础和技术扩散能力，具备提供中小试服务的成功经验；依托单位为企业和社会组织的，应与相关领域的单位等建立了长期稳定的委托合作关系，具备提供中小试商业委托开发服务的能力。

（三）聘任中小试基地主任 1 名，具有较强的组织管理和协调能力，熟悉方案设计、工艺流程和质量控制等中小试全流程，具有本科（含）以上学历或中级（含）以上职称；聘任相关领域中小试专业工程师不少于 2 名，研发能力强、技术水平高、中小试开发工程化实践经验丰富，具有本科（含）以上学历或中级（含）以上职称。

（四）建立中小试项目服务人才团队，总人数不少于 10 人，其中专职工程师不少于 5 人，具有本科（含）以上学历或中级（含）以上职称的人员不低于总人数的 50%，提供中小试放大、工艺优化验证和产品检测等服务。

（五）建立中小试项目遴选顾问专家团队，总人数不少于 5 人，该团队由学术界、产业界和投资界专家组成，主要负责对中小试项目库入库项目进行遴选和评价。

（六）建立中小试项目库，入库项目数量不少于 5 个，鼓励获得国家、省和市财政资金立项支持并通过验收的重点研发计划项目、技术攻关项目优先进入中小试项目库。依托单位为高等院校和科研机构的，应提供中小试入库项目中小试可行性方案，包括理论研究基础和中小试开发实施方案。依托单位为企业和社会组织的，应提供中小试入库项目企业委托中小试开发合同和可行性方案。

（七）应具备良好的中小试工艺开发、优化验证和产品检测的条件和基础，应拥有承担行业综合性中间试验场地面积不少于 2000 平方米，拥有中试工艺验证、放大生产和产品检测必备的专用设备、通用计量、测试仪器及专用软件的原值不低于 1000 万元。

（八）中小试基地的专职人员、研发场地及中小试仪器设备不得与市级及以上创新载体重复。

第十六条　申请单位应根据中小试基地申报指南要求，向市科技行政主管部门提交中小试基地建设方案、第三方审计机构出具的前两个年度中小试服务费用专项审计报告、中小试项目库、中小试服务人才团队和遴选专家顾问团队名单等申请材料。

中小试服务费用主要包括聘任中小试验证专业技术人才、升级和改造中小试验证研究专用设备费、中小试验证设备运营费、中小试验证质控检测和产品性能检测费、工程软件的版权费用、场地租赁、场地改造装修和其他延伸配套服务等费用。

第十七条　市科技行政主管部门按照以下程序对受理的中小试基地项目进行认定资助：

（一）根据中小试基地年度认定资助申请指南对项目申报材料进行形式审查，专家评审、现场考察和专项审计。

（二）综合专家评审、现场考察和专项审计的情况，按资助原则、标准，择优确定中小试基地资助名单及资助金额。

（三）拟资助名单及金额面向社会公示 10 日，公示期满无异议或经核查异议不成立的，下达资助计划，拨付资助资金；公示期经核查异议成立的，由市科技行政主管部门重新审核并予以公布。

（四）获得认定资助的中小试基地统一命名为"深圳市××中小试基地"。

第十八条　市科技行政主管部门对认定的中小试基地采取事后资助的方式，资助金额按照申请单位经第三方审计机构出具的前两个年度中小试服务费用予以支持，认定资助最高不超过 1000 万元。

第五章　评估资助

第十九条　市科技行政主管部门制定考核评估资助标准，每两年为一个考核评估周期，对通过认定资助的概念验证中心、中小试基地进行评估。其中概念验证中心评估指标包括验证服务人才队伍建设、技术职业经纪（经理）人培养、验证项目创业孵化和验证服务收益等多个维度，中小试基地评估指标包括中小试工程人才队伍建设、中小试工艺开发、中小试项目企业孵化和中小试项目服务收益等多个维度。市科技行政主管部门另行制定详细的概念验证中心、中小试基地评估标准、评估流程。同一概念验证中心、中小试基地最多可以申请获得两次评估资助。

第二十条　概念验证中心、中小试基地依托单位按照市科技行政主管部门发布的评估资助指南要求提出评估申请，逾期未提出申请的，视为评估不合格。

第二十一条　市科技行政主管部门组织或委托第三方机构对概念验证中心、中小试基地进行评估，并根据评估结果拟定评估资助名单面向社会公示，公示期 10 日，公示期满无异议或经核查异议不成立的，下达评估资助计划，拨付评估资助资金；公示期经核查异议成立的，由市科技行政主管部门重新审核并予以公布。

（一）评估结果分为"优秀、合格、不合格"三个等级。

（二）对评估结果为"优秀"的，按照依托单位概念验证中心、中小试基地经第三方审计机构出具的前两个年度概念验证或中小试服务费用予以支持，资助金额最高不超过 500 万元。

（三）对评估结果为"合格"的，按照依托单位概念验证中心、中小试基地经第三方审计机构出具的前两个年度概念验证或中小试服务费用予以支持，资助金额最高不超过 300 万元。

（四）对评估结果为"不合格"的概念验证中心、中小试基地，责令整改，整改期 1 年，整改期满，评估结果仍为不合格的，取消其市概念验证中心或中小试基地认定资格。

第六章 监督管理

第二十二条 申请单位使用虚假材料或其他不正当手段骗取、套取概念验证中心、中小试基地认定和评估财政资助资金的，一经查实，撤销资助资格并向社会公开，由市科技行政主管部门追回全部财政资金及利息，并按照法律法规和国家、省、市科研诚信有关政策予以处理。

第二十三条 概念验证中心、中小试基地需要名称变更、定位目标变更、组织架构调整和主任变更等重大事项，须由依托单位提出书面申请，报市科技行政主管部门审核。

第二十四条 概念验证中心或中小试基地在申请认定过程中存在科研失信行为的，经核实后取消其认定资格，并按照法律法规和国家、省、市科研诚信有关政策予以处理；涉嫌犯罪的，依法移送司法机关处理。

第七章 附 则

第二十五条 各区科技行政主管部门可以根据各自产业发展规划和基础，参照本办法制定实施细则。

第二十六条 本办法自 2022 年 10 月 11 日起施行，施行期 5 年。

（编写人：孙启新、张立红、魏颖、王博宇、党琳、郑帅）